Ablenkungen durch eine gewaltige Unterhaltungsindustrie, eine regelrechte Informationsflut und gestiegene Arbeitsanforderungen – damit sind heute die meisten Menschen regelmäßig konfrontiert. Vor diesem Hintergrund fällt es vielen schwer, sich auf die beruflichen und selbstgestellten Aufgaben zu konzentrieren.

Wolfgang Zielke zeigt, wie man seine Konzentrationsfähigkeit durch Veränderungen des eigenen Verhaltens und Arbeitens erhöhen kann. Er bietet eine vergnügliche und leicht zu lesende Sammlung von hilfreichen Ratschlägen und Tips – ein Arbeitsbuch mit vielen Beispielen aus der Praxis. Im Mittelpunkt stehen nicht Meditationsübungen, sondern Gedanken über die eigene Motivation und über ein reflektiertes Verhältnis zur jeweiligen Aufgabe.

Wolfgang Zielke ist Wirtschaftspädagoge und bekannter Seminarveranstalter. Er widmete sich unter Einbeziehung der Erkenntnisse der angewandten Psychologie schon frühzeitig der Erwachsenenbildung, um sich dann immer stärker auf die Lerntechniken, Lernmedien und Lernmethoden für Erwachsene zu konzentrieren.

Wolfgang Zielke

Konzentrieren keine Kunst

Ratschläge und Übungen
für den Alltag

Rowohlt

Veröffentlicht im Rowohlt Taschenbuch Verlag GmbH,
Reinbek bei Hamburg, Februar 1994
Copyright © 1989 by Campus Verlag GmbH, Frankfurt a. M.
Umschlaggestaltung Susanne Müller
Gesamtherstellung Clausen & Bosse, Leck
Printed in Germany
1090-ISBN 3 499 19556 9

Inhalt

Teil III
Konzentrationsübungen

Einleitung

Über mangelnde Konzentration wird allenthalben geklagt. Mancher glaubt, daß Konzentrationsmangel eine Krankheit sei. Es mag Krankheiten geben, die ein Nachlassen der Geisteskräfte zur Folge haben. Jedenfalls führt Konzentrationsmangel fast immer zu unrationellem, wenn nicht gar nachlässigem Arbeiten. Das gab es schon immer. So hielten zu allen Zeiten Menschen die Unfähigkeit, sich zu konzentrieren, für naturgegeben und zogen diese zur Entschuldigung heran.

Wir übersehen dabei nicht, daß in unserer Zeit die Zerstreuung zum Götzen erhoben wurde. Eine gewaltige Unterhaltungsindustrie lenkt unsere Gedanken in ihre Bahnen und läßt bei manchen nicht mehr genug Kraft für die lebensnotwendige Arbeit.

Wer akzeptiert, daß weder die Zeitläufe noch die persönlichen Verhältnisse oder Gegebenheiten äußerer Art seinen Konzentrationsmangel verursachen, sondern sein eigenes Verhalten und Arbeiten, der wird in diesem Buch wertvolle Hilfe finden.

Ratschläge und Aufforderungen seitens unserer Erzieher wie »Reiß dich zusammen!« oder »Konzentriere dich gefälligst mehr!« helfen leider nicht weiter, so lange nicht gesagt wird, *wie* man sich besser konzentrieren kann. Hier setzt unser Buch an. Wir stellen Ihnen die Zusammenhänge so dar, daß Sie vielerlei Denkanstöße erhalten, mit deren Hilfe Sie nach und nach eine hohe Konzentrationsfähigkeit entwickeln werden.

Unsere Betrachtungen und Hinweise werden durch Übungen ergänzt. Diese Übungen sind die besten, die es gibt, auch wenn Sie zugegebenermaßen mit der Zeit auf rege Geister etwas monoton wirken. Lassen Sie sich nicht beirren, führen Sie die Übungen durch und entwickeln Sie weitere selbst.

Man könnte auch von einer Fertigkeit der Konzentration sprechen. Wie jede andere Fertigkeit, ganz gleich ob manueller oder geistiger Art, so ist auch diese nur durch Wiederholung, also Übung, zu vervollkommnen. Sie wissen, daß es viele Stunden des Tages Übungen kostet, wenn ein Leistungssportler auf Höchstform kommen will. Sie werden nicht stundenlang Konzentrationsübungen machen können. Aber eine gewisse Zeit, sagen wir 20 – 30 Minuten täglich, sollten Sie sich reservieren. Jedenfalls so lange, bis Sie wieder mit Ihrem Konzentrationsvermögen zufrieden sind.

Wahrscheinlich gelingt es Ihnen, an solcher Arbeit Spaß zu finden – dann haben Sie nämlich schon gewonnen, weil das, was man mit Vergnügen (noch besser: mit Begeisterung) macht, nicht nur leichter fällt, sondern auch besser wird. Wir haben uns bemüht, dieses Buch so zu gestalten, daß die Arbeit damit abwechslungsreich und vergnüglich wird. Sollte sich etwas davon auf Sie übertragen, dann werden sich Ausdauer und Erfolg wie von selbst einstellen.

Hinweise zum Übungsteil

Auf Seite 109 beginnen die Übungen. Lesen Sie zunächst den erklärenden Text genau durch. Bemühen Sie sich dann, die Aufgaben zu lösen. Machen Sie bitte Notizen, wenn sie dazu aufgefordert werden. Gerade die Zeit, die Sie auf schriftliche Übungsmaßnahmen verwenden, zahlt sich später wieder aus.

Alle Aufgaben sind so gestaltet, daß sie mit den Kenntnissen, die Sie aus dem vorangegangenen Text gewannen, gut gelöst werden können. Im Anschluß an manche Aufgaben geben wir Ihnen auch Lösungsvorschläge. Das erlaubt Ihnen sofort zu kontrollieren, ob Sie richtig arbeiten, d.h. die entsprechende Aufgabe lösten. Wir nehmen an, daß Sie in den meisten Fällen zur richtigen Lösung kommen. Sollte wirklich einmal etwas falsch sein, dann lesen Sie am besten den vorangehenden Text nochmals sorgfältig durch. Sie erkennen dann, wie es zu Ihrem Fehler kam und sind in Zukunft vor gleichen Fehlleistungen sicher.

Es genügt, die Antwort sinngemäß richtig zu geben. Manche Aufgaben erfordern keine schriftliche Lösung, sondern Nachdenken über ein Problem. Dann sollten Sie sich einige Minuten lang eigene Gedanken machen, bevor Sie weiterlesen.

Nicht immer sind unser Aufgaben einfach. Aber niemals sind sie so schwierig, daß Sie sie nicht lösen könnten. Zu solchen Aufgaben kommen dann noch die eigentlichen Konzentrationsübungen dieses Buches. Zwar sind auch diese im allgemeinen nicht schwierig durchzuführen, doch werden Sie dabei den Erfolg nicht in jedem Fall unmittelbar kontrollieren können. Solche Übungen werden zunächst erklärt. Dann geben wir Umfang und Dauer an – anschließend sind sie, mit der schon erwähnten Ausdauer, wiederholt durchzuführen. Lesen Sie bitte auch dann aufmerksam, wenn wir etwas wiederholen.

Teil I
Das Wesen der Sammlung

1. Wer klug ist, konzentriert sich besser

Auch so herum stimmt es: Wer sich besser konzentriert, verhält sich klug! Der Mensch ist von Natur aus gewiß nicht träge, jedoch meistens schrecklich faul. Aber er gibt das nicht gern zu und zieht es vor, sich selbst der Dummheit zu bezichtigen. Dummheit wird vorgeschoben, um nicht verraten zu müssen, daß man lieber nichts täte. Sicherlich gibt es auch ein paar »Arbeitstiere«, die völlig übersehen, daß es außer der Arbeit noch andere Dinge auf der Welt gibt. Wir lassen diese Menschen mal außer Betracht, denn sehr oft verwechseln sie Arbeitsmenge mit Arbeitsgüte und könnten bei konzentrierter Arbeit in kürzerer Zeit bessere Leistungen erbringen.

Zurück zu den scheinbar Dummen, in Wahrheit Faulen: Wer sich selbst dumm nennt, hofft damit, weniger Arbeit zugewiesen zu erhalten. »Wer viel kann, muß viel tun!« heißt es mancherorts. Was aber ist Können? Können ist das durch Übung erworbene Bewußtsein, daß man etwas vermag. Sprechen wir vom Bewußtsein, dann ist auch damit jene Sammlung verbunden, im Zuge derer man etwas gedanklich einkreist und in den Mittelpunkt seiner Betrachtungen stellt. Viele, möglichst alle Gedanken richten sich auf etwas, das im Augenblick an bestimmter Stelle zu betrachten oder zu verrichten ist. Und genau das ist Konzentration. Sind alle Gedanken zielgerichtet, so ist alles Ablenkende weitgehend ausgeschaltet. Diese Konzentration kann man erarbeiten.

Da steht beispielsweise ein Azubi (Auszubildender, früher sagte man Lehrling), nennen wir ihn Bernd, an der Werkbank. Vor ihm befindet sich ein Werkstück mit vorgebohrten Löchern, in welche er Gewinde schneiden soll. Bernd pfeift fröhlich vor sich hin. Neben Bernd steht Max. Max pfeift die von Bernd angestimmte Melodie mit, während er an einem Meßwerkzeug arbeitet. Jetzt taucht bei Max eine Schwierigkeit auf – er hält die Luft und das Pfeifen an – und bringt seine Arbeit glatt über die Bühne. Bernd pfeift weiter, doch hier geht plötzlich nicht mehr alles glatt. Es gibt ein knirschendes Geräusch, der Gewindebohrer ist im (na Sie wissen schon). Der Meister eilt herbei und schimpft im alten lehrlingsbehandelnden Ton. Seine Vorwürfe gipfeln in der Frage: »Du kannst dich wohl nie ein bißchen zusammennehmen (sprich: »konzentrieren«)?«

Bernd konnte wirklich nicht – Max konnte. Was ist da gelaufen? Zunächst ließen sich beider Arbeiten leicht durchführen und gestatteten Pfeifen nebenher. Dann spürte Max, daß die Arbeit seine volle Aufmerksamkeit erforderte – er hielt die Luft an. Bernd flötete weiter und es entging ihm, daß sich der Gewindeschneider verkantete – das Malheur war passiert. Volle Konzentration verbietet, daß auch nur ein Teil der Gedanken nicht bei der Sache sind.

Der Autofahrer, der auf freier, gut übersehbarer Strecke zügig fährt, kann es sich leisten, dem Autoradio zu lauschen. Erschwert sich die Fahrsituation, kommt Nebel auf oder wird der Verkehr dicht, dann wird er als erstes das Radio abschalten. Auch wenn er sehr schnell fährt, denn dann ändern sich viele Bedingungen automatisch in entsprechend kürzerer Zeit. Man braucht dann alle Sinne, um sicher zu fahren. Daß die Konzentration oft besser wird, wenn man den Fuß vom Gaspedal nimmt, sei nebenbei bemerkt.

In vielen Fällen braucht man alle Sinne, um die Situation zu beherrschen. Das ist wörtlich zu nehmen. Bleiben wir im Beispiel: Der Fahrer muß *sehen*, was vorn, hinten und auf der Seite vor sich geht. Und er muß *hören*, was um ihn geschieht und wie sein Motor klingt. Mit seinem Tastsinn kann er alle Bedienungselemente, Schalter und Hebel im richtigen Moment betätigen, hier muß der Fahrer also *fühlen*. Vielleicht muß er sogar *riechen*, wenn irgendwo ein Kabel schmort oder etwas undicht ist. Schmecken braucht man als Autofahrer wohl nicht, aber dafür wird oft von einem 6. Sinn gesprochen (beim Fernsehen ist es gar ein 7.). Damit sind ein Gespür für bevorstehende Ereignisse und richtige Reaktionen gemeint.

Bei jedweder Tätigkeit, die gut gelingen soll, sind viele, wenn möglich alle Sinne einzusetzen – dann arbeiten Sie konzentrierter. Schalten Sie alle Gedanken auf eine Sache. Oft geschieht das ja ohne bewußtes Zutun, wie in brenzligen Verkehrssituationen beim Autofahren. Doch auch dort sollte man gelegentlich sein Verhalten kontrollieren, um zu verhindern, daß häufig wiederholte Verrichtungen zur oberflächlichen Routine werden.

Mitunter reagieren wir wie unser Max von oben. Er unterbrach sein Pfeifen und schaltete das Ablenkende ab. Was das mit Klugheit zu tun hat? Es ist deshalb klug, seine Gedanken nur auf die Sache zu richten, die ansteht, weil sich dadurch Aufmerksamkeit und Konzentration erhöhen, die Arbeit besser gelingt und in kürzerer Zeit beendet ist. Besseres Gelingen ist in fast allen Fällen mit Freude verbunden. Die Arbeit macht plötzlich mehr Spaß und wird zum Erfolgserlebnis.

So tragen schon die Dinge selbst Lohn oder Strafe in sich. Azubi Bernd, den die Arbeit stärker langweilte, versuchte etwas Spaß über sein Pfeifen zu gewinnen, doch zog er sich durch sein Verhalten und Mißgeschick das Donnerwetter des Meisters zu. Außerdem mußte er die Arbeit wiederholen, was auch keinen Spaß machte. Mit einem kleinen Mehr an Konzentration wäre er möglicherweise an eine interessantere Arbeit gekommen oder die gut gelungene, ursprünglich langweilige Tätigkeit wäre interessant geworden. Zwar interessiert manche Menschen nur der Feierabend. Aber die werden kaum dieses Buch lesen. Wie dem auch sei, Sie verstehen nun, wie recht der Volksmund hat, wenn er sagt: »Lust und Liebe zum Dinge macht Arbeit und Mühe gering!«

Die Klugheit besteht hier vornehmlich darin, Dingen, die man so oder so tun muß, Spaß abzugewinnen. Das wird uns im nächsten Kapitel noch ausführlicher beschäftigen. Mancher beneidet sogenannte Genies, weil er glaubt, daß diesen die großen Leistungen in den Schoß fielen. Aber solche Zufälle sind sehr rar. In den meisten Fällen handelt es sich bei den Leistungen der Genies nicht um Zufälle, sondern um sehr sorgfältig (mit allen Gedanken) durchgeführte Arbeiten, bei denen auch die Ausdauer eine gewisse Rolle spielt. Edison, der zur Gilde der großen Genies zählte, wird der Ausspruch zugeschrieben: »Genie ist zu 99 % Transpiration und nur zu einem Prozent Inspiration.« Konzentration hat sehr wohl auch mit Fleiß zu tun.

Goethe, dieser All- und Altmeister, sagte es so: »Genie ist die Kraft des Menschen, welche durch Handeln und Tun Gesetz und Regel gibt!« Am kürzesten und wohl auch zutreffend formuliert es der französische Schriftsteller Joubert: »Genie ist Fleiß.« Daraus läßt sich ohne weiteres ableiten: »Konzentration ist Fleiß.«

Können Sie sich zu diesen Aussagen großer Geister bekennen? Dann hätten Sie einen ganz wichtigen Schritt in Richtung besserer Konzentration schon getan. Mit einer solchen Einstellung wären die Maßnahmen, die noch zu treffen sind, bereits bestens eingeleitet.

Es geht also ganz schlicht um Arbeit und um die Bereitschaft, sie freudig anzugehen. Niemand wird der wichtigen Entspannung ihr Recht versagen. Gerade, wenn große Arbeitsleistungen gefordert sind, hat Entspannung einen hohen Stellenwert. Auch das süße Nichtstun hat einen berechtigten Platz in unserem Leben. Konzentration aber kann man nur tätig und bewußt erreichen. Dort, wo sie sich unbewußt einstellt, brauchen wir uns nicht weiter um sie zu bemühen. Es wäre noch zu überlegen, ob wir nicht die Umstände schaffen können, die zu solch unbewußter Konzentration führen. Wir können Konzentration durch Sorgfalt herbeirufen. Und Sorgfalt läßt sich trainieren. Daraus ergibt sich folgender Vorschlag für Ihren persönlichen Konzentrationsgewinn: Setzen Sie eine bestimmte Zeit in Ihrem Tagesablauf fest, am besten gleich die erste Stunde Ihrer Berufsarbeit. Bemühen Sie sich während dieser Stunde, jede Tätigkeit mit besonders großer Sorgfalt, also außergewöhnlich aufmerksam auszuführen. Werden Sie sich bewußt, welche Griffe nötig sind, damit's gut, besser, am besten wird. Überlegen Sie dabei, ob es nicht auch einfacher und dennoch – oder gerade deswegen – besser geht. Richten Sie alle Gedanken und so viele Sinne wie möglich auf das, was gerade im Moment zu tun ist. Wahrscheinlich reicht schon eine halbe Stunde derartiger Bemühungen, die zu den besten Konzentrationsübungen überhaupt zählen. Sie holen wahrscheinlich dabei so viel Schwung, daß der ganze Tag besser läuft. Sie werden auf diese Weise nach und nach aus Gewohnheit konzentriert arbeiten.

Wir wollen Sie damit nicht veranlassen, in übertriebene Arbeitswut oder in Streß zu geraten. Im Gegenteil, konzentriertes Arbeiten kann ein sehr ruhiges Arbeiten sein. Auch die Pausen und Erholungszeiten sollten Sie bewußter erleben. Nicht die hastig zwischen zwei Tätigkeiten gerauchte Zigarette, nicht der schnell hereingeschlürfte Kaffee entspannen Sie. Doch schon nach 5 Minuten bewußter Hingabe an eine Entspannungsübung (z.B. Autogenes Training) können Sie Ihre Konzentration wieder voll einschalten. Viele Menschen, die vor lauter Arbeit nie Zeit für bewußte Entspannung finden, bringen nichts Rechtes zustande. Bewußteres Arbeiten aber schafft die Zeit für bewußtere Entspannung und Freizeitgestaltung. Umgekehrt: Bewußte Entspannung schafft die Grundlage für konzentriertere Arbeit.

Welchen Beruf Sie ausüben, das spielt für unsere Betrachtungen kaum eine Rolle. Vielleicht sind Sie eine Sekretärin und haben viel auf der Maschine zu schreiben. Dann könnten Sie überprüfen, ob Ihr Sitzmöbel zweckmäßig ist und ob es zweckmäßig eingerichtet, eingestellt ist (z.B. die optimale Sitzhöhe hat). Kontrollieren Sie Ihre Arbeitshaltung und ob die Maschine richtig auf die anstehende Schreibarbeit eingestellt ist. Dann versuchen Sie so zu schreiben, als ginge es um eine Prüfungsarbeit. Halten Sie das für zu aufwendig? Glauben Sie, das dauere zu lange? Möglich – beim ersten oder zweiten Mal, bald aber übertrifft die erhöhte Konzentration den Aufwand (um Konzentrationsförderung ging es Ihnen doch?).

Vielleicht sind Sie Manager (heute sagt man schon wieder Führungskraft) und Ihre Tagesarbeit beginnt mit Anweisungen, die Sie mündlich Ihren Mitarbeitern zu geben haben. Dann wäre das Ihre Konzentrationsübung: Kontrollieren Sie den Besprechungsraum auf zweckmäßige und stimulierende Ausstattung. Lassen Sie sich kurz ein paar wichtige rhetorische Ausdrucksmittel durch den Kopf gehen. Fragen Sie sich, ob Sie Gestik, Mimik und Betonung richtig einsetzen. Sprechen Sie dann mit Ausdruck, schlicht, sachlich, doch eindringlich. Bemühen Sie sich um eine präzise, verständliche Aussage. Es geht keinesfalls um Schauspielerei. Es geht darum, den Mitarbeitern Ihre Gedanken eindrucksvoll zu vermitteln, damit sie in Ihrem Sinne weiterwirken.

Arbeit als Konzentrationsmittel? Als ob man nicht schon genug um die Ohren hätte. Doch bedenken Sie ein Wort des alten Mommsen: »Wenn der Mensch keinen Genuß mehr an der Arbeit findet und bloß arbeitet, um möglichst schnell zum Genusse zu gelangen, so ist es nur ein Zufall, wenn er kein Verbrecher wird.« Auch wenn wir das Wort »Verbrecher« durch den Ausdruck »Versager« mildern, lohnt es sich gewiß, ein weniger darüber nachzudenken.

Auch der liebenswürdige Ausspruch des spanischen Lyrikers Luis de Leon ist bedenkenswert: »Lebenskunst besteht darin, die eigene Natur mit der eigenen Arbeit in Einklang zu bringen.« Den Nagel auf den Kopf dürfte aber der immer wieder sympathische Mark Twain getroffen haben, als er spottete: Das Gesetz der Arbeit scheint äußerst ungerecht – aber es ist da, und niemand kann es ändern: Je mehr Vergnügen Du an deiner Arbeit hast, desto besser wird sie bezahlt.

Niemand kann von früh bis spät seine Konzentration auf das höchste anspannen. Es bedarf des ständigen Wechsels zwischen positiver Anspannung und Entspannen, Loslassen. Es gibt in den Manageretagen (aber nicht nur dort) viele Menschen, die es verlernt haben loszulassen. Sie treffen sie in den Kantinen oder separaten Eßräumen, wenn sie dort die Mittagspause damit verquicken, Verhandlungen zu führen oder die ungelösten Probleme der Vormittagsarbeit weiterzudiskutieren. Solche Menschen dürfen sich nicht wundern, wenn sie nervös werden und dann wild und unkonzentriert (mit geringem Nutzen) weiterarbeiten.

Der ständig überfüllte Schreibtisch kennzeichnet nicht so sehr den Vielbeschäftigten als vielmehr den Menschen, der unkonzentriert arbeitet. Manchmal ist es auch ein Mensch, der allzuviel Phantasie hat. Dabei ist Phantasie, heute spricht man lieber von »Kreativität«, durchaus positiv – dann, wenn sich Bilder in der Vorstellung über kurz oder lang in der Realität klären. Verschwimmen jedoch die Phantasiebilder und werden laufend durch andere ersetzt, kann Phantasie zu einem lastenden Alpdruck werden: Tausend Absichten tauchen auf, doch keine wird verwirklicht. Eine der wichtigsten Aufgaben ist es, die eigene Phantasie zu zügeln und an diesen Zügeln so zu führen, daß das gewünschte Ziel erreicht wird. Das kann schon mal im Galopp sein, muß es aber nicht. Manchmal kommt man im Trapp oder gar Schritt sicherer zu seinem Ziel. Gezügelte Phantasie kann beispielsweise zu bedeutenden Konstruktionsleistungen in der Technik führen, oder zu Meisterwerken der Organisation, oder zu bewundernswerten Gebilden der Kunst.

Für unsere Arbeit und unseren Erfolg spielt noch ein weiterer Begriff eine Rolle: die Motivation. Wer ein starkes Motiv dafür findet, etwas zu tun, der wird auch Mittel und Wege zum Erfolg finden. Also suchen Sie nach Ihren Motiven, noch besser: Begeistern Sie sich für Ihre Arbeit.

Die Schule früherer Zeiten (die längst noch nicht ausgestorben ist) operiert in erster Linie mit negativer Motivation: Schlechte Zensuren, Sitzenbleiben, körperliche Strafen und Strafarbeiten sollten Angst erzeugen, die dann als Motiv für die Arbeit zu dienen hatten – damit die Betroffenen sich alle Mühe gaben, dem Unangenehmen aus dem Weg zu gehen. Heute ist mehr die Rede von positiver Motivation. Hin und wieder folgen solcher Rede sogar Taten. Positive Motivation sieht man vor allem in der Belohnung und Vermittlung von Erfolgserlebnissen. Ganz so neu ist das nicht, wenn ich an die Fleißkärtchen und Sonderbelobigungen früherer Tage denke. Da ich aber seinerzeit solche Belohnungen nicht bekam, hat sich auch die gute Absicht als negativ erwiesen. Eine gute Zensur nicht zu erhalten ist genauso schlimm wie eine schlechte Note.

Wahrscheinlich wird sich auch negative Motivation nie ganz aus der Erziehung verbannen lassen. Das ändert nichts daran, daß sie mehr dazu angetan ist, etwas zu unterdrücken als zu fördern. Streiche und Unbotmäßigkeiten lassen sich so vielleicht mindern, gute Leistungen sind damit nicht zu erzeugen.

Sie wollen Ihre Konzentration verbessern. Sie wissen, daß das nicht ohne Arbeit möglich ist. Also besteht der nächste Schritt darin, sich für die Arbeit zu motivieren. Wer Gäste erwartet und zu Recht vermutet, daß sich diese in einem Zimmer voller Schmutz und Unordnung nicht wohlfühlen, findet in dem Wunsch, seinen Gästen etwas Gutes zu tun, Gründe genug, um aufzuräumen und sauberzumachen. Negativ motiviert: Der Gastgeber hat Angst, daß man später schlecht über ihn spricht, und bringt deshalb seine Wohnung in Ordnung, wischt sogar hinten auf dem Kleiderschrank Staub, weil Base Trude oder sonst ein »besonders lieber« Gast bekanntlich die Augen überall hat.

Der junge Mann, der seinem Mädchen imponieren und es für sich gewinnen will, ist vielleicht stark genug motiviert, einen Salto vom 3m-Sprungbrett zu machen. Ist seine Angst stärker, so wird er verlangen: Wenn sie mich liebt, nimmt sie mich auch als Feigling.

Die meisten Motive, und das gilt für nahezu alle Menschen, entstammen dem Geltungsbedürfnis. Für einen Blechorden haben so manche im Krieg ihr Leben riskiert und schoben dann Ehre und Vaterlandsliebe vor. Das gilt selbst für hochgebildete Leute, wie die sprichwörtlichen »Halsschmerzen« (der Wunsch, das um den Hals zu tragende Ritterkreuz zu erhalten) damals bewiesen. Doch wollen wir den Geltungsdrang positiv betrachten. Wenn es uns zum Motiv wird, etwas zu erreichen, ohne anderen dabei zu schaden, vielleicht sogar auch ihnen nützlich zu werden, warum wollen wir ihm dann nicht folgen? Hier kann man Phantasie nutzbringend einsetzen. Stellen Sie sich bildlich vor, wie es sein würde, wenn Sie eine höhere Position einnähmen, höheres Ansehen erreichten oder ein Meister Ihres Faches wären. Das kann Sie schon so stark motivieren, daß alles, was Sie zu tun haben, wie am Schnürchen läuft.

Malen Sie sich aus, wie Sie in einem fremden Land auf einem Basar mit den Einheimischen um eine Ware feilschen, wie Sie sich von der fremdsprachigen Speisekarte das aussuchen, was Ihnen behagt, und nicht mehr einfach auf das Teuerste tippen (vielleicht reicht das schon, um regelmäßig einen Sprachkurs zu besuchen).

Stellen Sie sich deutlich vor, wie man Sie um Ihre Freizeit beneidet und was Sie alles in ihr unternehmen – das könnte schon reichen, um konzentrierter zu arbeiten, denn durch Konzentration gewinnen Sie Zeit. Nur: Verlieren Sie sich nicht in der Phantasie. Die Bilder dürfen nicht verschwimmen, sondern müssen klar zeigen, welchen Weg Sie gehen wollen.

Nach dem Geltungsdrang motiviert der Besitzwunsch besonders stark. Von beiden profitiert unentwegt die Wertung. Im Grunde geht es in beiden Fällen darum, Angenehmes, Erfreuliches zu erleben und Unangemessenes, Unerfreuliches zu vermeiden. Besitz kann zur Geltung verhelfen (jedenfalls werden Besitzende fast immer höher geachtet oder zumindest beneidet) oder vor Not schützen. Wir sehen, wie der Wunsch nach besserer Konzentration mit unserer gesamten Lebensführung zusammenhängt. Verwundert es Sie noch, Konzentrationsübungen in allen Religionen und Weisheitslehren zu begegnen? Diese Übungen zielen darauf ab, unser ganzes Leben zu harmonisieren. Wir wollen in diesem Buch nicht eine Lebenserfolgslehre vermitteln, doch zeigen unsere Betrachtungen, daß es Beziehungen zu solchen Lehren gibt. Daraus folgt, daß sich unsere bescheidenen Vorschläge auch ein wenig auf die ganze Persönlichkeit des Übungs- und Konzentrationswilligen auswirken.

Ist Ihr Motiv stark genug, so wird es zur Zug- oder Triebkraft. Sie werden dennoch keinen Zug oder Druck verspüren. Solange Sie sich zwingen müssen, konzentrierter zu sein, fehlt es noch an ausreichender Motivation. Ersetzen Sie Zwang durch Einsicht. Zwang ist immer ein schlechtes Steuerungsmittel. Leistung, die nur unter Druck zustande kommt, bricht zusammen, der Mensch erkrankt. Die von gestreßten Menschen überfüllten Wartesäle der Ärzte beweisen, daß viele auf dem falschen Weg sind. Es wird Ihnen leichter fallen, sich zu konzentrieren, wenn Sie Zwang durch freudige Erwartung ersetzen. Stellen Sie die Begeisterung in Ihre Dienste!

Dazu bedarf es auch ein wenig Geduld. Unsere Vorfahren hatten weitaus mehr davon als wir. Damals waren die Konzentrationsprobleme geringer als heute. In unserer Zeit ist die durchschnittliche Lebenserwartung bedeutend höher als diejenige früherer Generationen. Wie wäre es, wenn wir uns in der gewonnenen Zeit um mehr Geduld bemühten? Geduld und Ruhe gehören dazu, wenn es um Konzentration geht. Sie verhelfen uns zu Leistungen, die wir ohne sie niemals zu erbringen vermochten.

Eine bekannte Hochschulanekdote berichtet von einem Studenten, der mit Unwohlsein entschuldigt, daß er nicht gearbeitet habe. Der Kommentar seines Professors: »Der größte Teil der Arbeit auf dieser Welt wird von Leuten geleistet, die sich nicht wohlfühlen.« Dem können sie entnehmen, daß es gelegentlich gilt, sich zu überwinden. Ziehen Sie nicht jede kleine Unpäßlichkeit zur Entschuldigung heran, wenn es mit der Konzentration nicht so recht klappt. Suchen Sie keine Entschuldigungen, gebrauchen Sie keine Ausreden für Mängel, die nicht aufgetreten wären, wenn Sie sich wie oben vorgeschlagen verhalten hätten.

Machen Sie sich nochmals klar, was wir Ihnen in diesem Kapitel sagen wollten. Sie können es überprüfen, indem Sie die kapitelabschließende Zusammenfassung aufmerksam lesen.

Zusammenfassung von Kapitel I/1

- Die hier zusammengefaßten Betrachtungen sollen Ihnen Denkanstöße geben, die sich letztlich in besserer Konzentration auswirken.

- Wir wünschen Ihnen bei der Lektüre und der Arbeit vor allem viel Spaß und ein bißchen Ausdauer, denn Spaß und Ausdauer sind zwei wichtige Voraussetzungen für verbesserte Konzentration.

- Halten Sie fest: Konzentration besteht vor allem in der Sammlung aller Gedanken auf das, was im Augenblick ansteht.

- Wenn Sie Ihre Gedanken von der vorliegenden Arbeit und Aufgabe freischweben lassen, kann Sie das von der eigentlichen Aufgabe völlig ablenken. Daran ist besonders dann zu denken, wenn eine Arbeit hohe Aufmerksamkeit erfordert.

- Schalten Sie für Ihre Arbeiten möglichst viele Sinne ein, das erhöht die Konzentration.

- Es ist klug und führt zur besten Konzentration, Freude an den Arbeiten zu gewinnen, die man ohnehin tun muß.

- »Genie ist Fleiß« lautet ein Sprichwort. Setzen Sie diesen Fleiß bei den Aufgaben ein, auf die Sie sich konzentrieren wollen. Fleiß fördert die Konzentration.

- Sorgfalt verbessert ebenfalls die Konzentration. Sorgfalt läßt sich trainieren, etwa dadurch, daß in immer wiederkehrenden Zeitabschnitten die gerade anfallende Arbeit so sorgfältig durchgeführt wird, als befände man sich in einer Prüfung.

- Richten Sie Ihre Gedanken, denken Sie mit, wenn Sie etwas tun. Überlegen Sie auch, ob sich die vorliegende Arbeit nicht mit anderen Handgriffen besser, einfacher, wirksamer ausführen läßt.

- Wer Spaß an der eigenen Arbeit gewinnt, erzielt auch Gewinne für seine Konzentration.

- Suchen Sie ständig nach positiven Motiven für Ihr Tun. Suchen Sie nach guten Gründen für das, was es zu tun gilt.

- Nutzen Sie Ihr Geltungsbedürfnis. Malen Sie sich lebendig aus, was Sie alles durch verbesserte Konzentration erreichen können.

- Starke Motive sind, wie Fleiß und Ausdauer, gute Zugpferde für den Erfolg.

- Sich in Geduld zu üben, ist ebenfalls der besseren Konzentration förderlich.
- Es lohnt sich immer, konzentrierter arbeiten zu können und Konzentration bei Bedarf einschalten zu können. Sehen Sie darin ein Vermögen, welches höchste Zinsen bringt.

2. Strohfeuer oder Dauerbrand – Konzentration und Begeisterung

Folgende wahre Geschichte stammt aus jener Zeit, als man die militärische Erziehung noch Schule der Nation nannte. Es gab in der Tat vielerlei zu lernen – ob das allerdings für das Leben war, wie ein lateinischer Schulweisheitsspruch uns weis machen will, sei dahingestellt. Uns nannte man Funker, wobei wir erst noch das Funken lernen sollten. Nach geraumer Zeit spezieller Unteroffiziersdidaktik, über die ich besser hinweggehe, klappte es sogar ganz leidlich. Wir hatten gelernt zu geben und zu nehmen, wie man das beim Morsen so nennt. Bis auf einen, der es nicht begreifen wollte und einfach keine Lust hatte. Es folgt nun keine der heute noch (zumindest in Filmen) beliebten Katschmarek-Geschichten, denn jener war weder dumm noch ein übler Bursche. Es langweilte ihn einfach, er hatte keinen Spaß daran.

Doch eines Tages, besser Nachts, hatte einer den Einfall, mit Hilfe seiner Fingernägel Witze zu erzählen, indem er Morsezeichen auf die Bettstelle klopfte. Auch Warnsignale wie »UvD (Unteroffizier vom Dienst im Anmarsch!)« kamen auf diese originelle Weise durch. Das Beispiel machte Schule. Wenn nach Zapfenstreich Ruhe geboten war, empfingen wir Herrenwitze und Kurznachrichten über den Fingernagelfunk. Der oben erwähnte Funker war erst verstimmt, dann erbost, schließlich neugierig und interessiert. Er holte die versäumten Lektionen nach und wurde zu guter Letzt noch ein ganz passabler Funker.

Die Moral von der Geschicht: Ist nur die Neugier groß genug, folgen Interesse und Leistung gleich hinterher. Was heißt eigentlich

Interesse? Wörtlich (lat.: Kompositum aus inter und esse) übersetzt heißt es *dazwischen sein*. Anders ausgedrückt bedeutet es, voll dabei zu sein, ganz bei einer Sache sein – also fast das gleiche wie Konzentration. Wir haben es uns zwar angewöhnt, in Wörtern zu denken, doch sind diese Wörter hauptsächlich Kennzeichen für Bilder. Wenn wir intensiver denken, erzeugen wir Bilder und Bildabläufe. Je mehr wir uns vorstellen, an diesen Bildabläufen, die ihrerseits Übersetzungen von Geschehnissen (auch solchen in der Zukunft sind), beteiligt zu sein, desto höher ist die Konzentration.

Mit diesen Betrachtungen kommt wieder die Phantasie ins Spiel. Allerdings vermag die Phantasie sowohl positive als negative Suggestionen hervorzubringen. Jeder Hypnosearzt kann dafür Hunderte von Beispielen geben. Am bekanntesten ist wohl die vielfach variierte Geschichte jenes Mannes, der in einem Kühlwagen eingeschlossen wurde und darin erfror, obgleich die Kühlaggregate gar nicht arbeiteten. Eine andere, ebenso makabre Story berichtet von einem ungebührlichen Hofnarren, den sein König im (allerdings recht schlechten) Scherz zum Tode verurteilte, dem man die Augen verband und mit einer Schlackwurst ins Genick schlug – er fiel auf der Stelle tot um. Jeder von uns erlebt, daß man sich mancherlei einreden kann. Zum Glück gilt das auch für das Positive. Wer sich sagt: »Du schaffst das schon« hat bessere Voraussetzungen, »es« zu schaffen, als ein anderer, der sich sagt: »Das schaffe ich nie!«

Begeisterung für die Sache vermag Höchstleistungen im Sport hervorzurufen. Wer sich mit einer Aufgabe identifiziert, oder wie es umgangssprachlich heißt: in ihr aufgeht, hat keinerlei Schwierigkeiten, sich zu konzentrieren. Das sagt noch nicht viel mehr als unsere Betrachtungen über die Motivation im vorigen Kapitel. Sie sollten dennoch nicht enttäuscht sein. Es wäre schon viel, wenn Ihnen unsere Betrachtungen etwas von der Begeisterung von Menschen, die konzentriert arbeiten, einimpfen könnten. Wäre die Begeisterung gar überdurchschnittlich, benötigten Sie keinerlei Konzentrationsübungen mehr.

Doch es gibt einen oft zu hörenden Einwand: Man könne sich doch nicht für jede Kleinigkeit, gar Banalität oder Routinesache begeistern. Man kann! Der Denk-Fehler liegt in der Größenbemessung. Auch die sogenannten kleinen Dinge sind nötig, wenn nicht gar sehr wichtig. Routine ist durchaus nicht gleichzusetzen mit Langeweile. Der Anatomieprofessor und Künstler W. Tank hat Tausende von Zeichnungen zu seinen vielen Büchern mit höchstem handwerklichen und zeitlichem Aufwand selbst angefertigt. Es war für mich immer wieder beeindruckend, mit welcher Begeisterung er bei seinen Vorlesungen von sorgfältiger Arbeit sprach und zugleich ein anschauliches Beispiel gab. Unverständlich, daß sich in so vielen Köpfen das falsche Bild vom tiefernsten, stocksteifen und langweiligen Leistungsmenschen gebildet hat. Doch schon Fontane sagte: »Die Tränen lassen nichts gelingen, wer schaffen will, muß fröhlich sein!«

Lassen auch Sie sich nicht beirren. Fröhlichkeit, Konzentration und die sich daraus ergebende Leistung schließen einander nicht nur nicht aus, sondern sie bedingen einander.

Schauen Sie sich in Ihrem Bekanntenkreis um, sicherlich finden Sie dort auch Menschen, die aus Zuneigung Außergewöhnliches vollbrachten. Ich kenne da beispielsweise einen ehemaligen Angestellten, der sich derart in die Zauberkunst vertiefte, daß man ihn zunächst zu Gemeinschaftsabenden einlud und später in größeren Kreisen um Beiträge bat. Er hat sich als Berufsartist einen Namen gemacht. Ich kenne auch einen ehemaligen Schlosser, der über seine Begeisterung für das Zeichnen in die Werbung kam und später ein großes Werbebüro leitete. Und da ist der Nachbarssohn, der auf sein Wissen als kaufmännischer Angestellter aufbaute und heute eine Handelsvertretung hat.

Wir wählen hier bewußt keine Beispiele unter den Prominenten. Eine Fülle solcher Geschichten finden Sie in zahlreichen Büchern von Dale Carnegie bis hin zu Oskar Schellbach.

Wir wollen Ihnen hier vielmehr zeigen, daß Menschen von nebenan, Sie selbst, Ihre Frau, Ihre Kinder, Konzentration aufbringen können, die Leistungen nach sich zieht und nicht als Belastung empfunden wird oder gar zu krankmachendem Streß führt. Wir zeigen es Ihnen beispielsweise an jenem Bankangestellten, der nicht mehr der Jüngste war, doch an seinem Arbeitsplatz gute Arbeit leistete. Seine Sorgfalt hat er auch auf häusliche Renovierungsarbeiten übertragen und dabei ein derartiges Geschick entwickelt, daß die von ihm erstellten Einbauschränke, Raumteiler und Dekorationen, mit denen er seine Wohnung verschönert hat, wie solche hochqualifizierter Fachleute aussehen. Wer ihm bei der Arbeit zuschaut, spürt, daß da ein Mensch in voller Konzentration arbeitet. Dabei empfindet er das Tun als Freizeitbeschäftigung, Hobby, und nicht als Arbeit. Die Begeisterung, sorgfältig zu arbeiten und die Freude am Gelingen reichen völlig aus, um sich ganz auf die Arbeit einzustellen, sich voll zu sammeln.

Schon in der Schule werden Mitschüler, deren Leistungen herausragen, gefragt: »Mensch – wie machst Du das bloß?« Diese Frage begleitet manchen sein Leben lang, wenn er mehr oder besseres schafft als der Durchschnitt. Je nach persönlicher Eigenart ist der Befragte dann geschmeichelt oder lächelt verlegen und zuckt mit der Schulter, ohne eine Antwort zu geben, die ebenso falsch wäre wie die ganze Frage in ihrem Ansatz. Die meisten wissen nicht, »wie« sie es machen. Sie machen es auch gar nicht. Oder kann man Interesse, Begeisterung, Freude *machen*? Das ganze Geheimnis besteht darin, Interesse aufzubringen, sich den Dingen zu öffnen, ihnen unvoreingenommen gegenüberzutreten und sich an ihnen zu begeistern.

Wenn wir den Begriff Konzentration betrachten, so darf ein anderer nicht außerhalb unseres Blickfeldes bleiben: Die Aufmerksamkeit. Von anderen Menschen, insbesondere von Kindern und Mitarbeitern, verlangen wir meist recht energisch, daß sie aufmerksam sein mögen. Vom: »Hör doch endlich einmal, was ich dir sage!« bis zum: »Sie müssen aber etwas aufmerksamer arbeiten!« gibt es so manche Redewendung. Diesen Redewendungen ist fast immer gemein, daß sie am Ziel vorbeigehen und nicht viel nutzen. Es ist geradezu ärgerlich zu hören, wie auf solch primitive Weise sogenannte Erzieher (leider machen viele Lehrer da keine Ausnahme) versuchen, ihre Verantwortung auf die zu Belehrenden abzuwälzen. Nicht das Kind, der Auszubildende, oder der wie immer zu Unterweisende haben von vornherein aufmerksam zu sein. Vielmehr ist es gerade eine wichtige Aufgabe des Erziehenden, besser: des Informierenden, die von ihnen erwünschte Aufmerksamkeit zu bewirken und zu erzeugen. Kinder auf dem Spielplatz sind so aufmerksam bei der Sache, daß sie den Ruf der Mutter nicht wahrnehmen. Fußballfans spüren weder kalte Füße noch Regen, wenn die bevorzugte

Mannschaft gut spielt. Die Aufmerksamkeit eines Laboranten bei einem wichtigen Experiment kann diesen die Mittagspause vergessen lassen. Andererseits vermag ein interessantes Gespräch bewirken, daß die Mittagspause erheblich überschritten wird. Es ist wie bei einem Ping-pong-Spiel, die Fälle fliegen schnell hin und her. Ist Spaß da, stellt sich Aufmerksamkeit ein; wenn Sie aufmerksam sind, erhöht sich Ihr Interesse und steigert sich leicht zur Begeisterung. Die Begeisterung steigert die Ausdauer – und alles durchzieht, gleich einem roten Faden, die Konzentration.

Sie haben sich dieses Buch gekauft – ein Buch, das hauptsächlich von interessierten Autodidakten gelesen wird. Autodidakten sind im allgemeinen besessen davon, viel Neues hinzuzulernen. Deshalb können wir uns hier nicht beschränken auf die spontane, von der Sache selbst ausgehende Aufmerksamkeit. Als übungs- und trainingswillige Leser, die sich selbst arbeitend voranbringen wollen, wird es Ihnen wahrscheinlich auch nicht genügen, lediglich ein paar Einsichten zu gewinnen. Deshalb folgende Übung für Sie: Wenn Sie intensiv üben, bei allem aufmerksamer zu sein, dann schulen Sie bereits Ihre Konzentration.

Was heißt »aufmerksam sein«? Zweifellos möglichst alle Sinne auf etwas zu richten. Da sind wir wieder beim notwendigen Interesse. Jetzt aber finden Sie ein Mittel, das Interesse zu richten: Die ganz bewußte Aufmerksamkeit, der ebenfalls ganz bewußte Gebrauch der Sinnesorgane.

Im 2. und 3. Teil wird noch viel zu Konzentrationsübungen gesagt. Soviel vorweg: Bemühen Sie sich allenthalben genauer zu sehen, d.h. »hinzusehen«. Bemühen Sie sich, so oft es geht, sorgfältiger zu hören: »hinzuhören«. Haben Sie Gelegenheit, etwas abzutasten, es in die Hand zu nehmen und zu befühlen, so tun Sie es und geben Ihrem Tastsinn mal etwas mehr Arbeit als er üblicherweise zu verrichten hat. Mitunter läßt ein Duft oder Geruch die Aufmerksamkeit hochschnellen – Ihre Nase sollte ein wenig trainiert sein. Und wenn es etwas zu schmecken gibt (z.B. Kostproben), dann lassen Sie es sich halt schmecken.

Begnügen Sie sich nicht mit einer Ansicht. Gehen Sie um das zu Betrachtende herum, und wenn es nur im Geiste ist. Suchen Sie neue Ansichtspunkte und neue Perspektiven (auf diese Weise kommt man zur Kreativität). Wer nur immer aus einer Richtung schaut, ist oder wird einseitig. Wer viele Seiten zu betrachten weiß und immer nach neuen sucht, der findet sicherlich an Dingen, die zunächst uninteressant erschienen, das Besondere, das sein Interesse erzeugt. Aufmerksamkeit führt also zu weiterer, zu erhöhter Aufmerksamkeit. Nur wer mit offenen Sinnen durch die Welt geht, erlebt etwas und lebt menschenwürdig. Die meisten anderen Menschen werden gewissermaßen gelebt. Reihen Sie sich unter die Wachen, die Aufmerksamen, denn aus ihnen erwachsen die sorgfältigen Denker. Mit der Sorgfalt des Denkens und des sich daraus ergebenden Handelns fällt Ihnen Konzentration wie von selbst zu.

Wir fassen zusammen

- Entwickeln Sie eine gesunde Neugier, denn dieser folgen Interesse und Konzentration wie von selbst.
- Interesse, Spaß, Fröhlichkeit, Konzentration, Leistung und Erfolg gehören zusammen.
- Interesse haben heißt, mitten in den Dingen zu stecken, alle Gedanken auf den Gegenstand des Interesses zu sammeln.
- Denken in bildhaften Handlungsabläufen vermag zu starken (sowohl positiven als auch negativen) Suggestionen zu führen.
- Wer sich intensiv mit seinen Aufgaben identifiziert und in ihnen aufgeht, hat mit der Konzentration keine Mühe.
- Wem es um allgemeine Konzentrationsverbesserung ernst ist, der darf Alltagserledigungen nicht für banal halten. Routine sollte nicht mit Langeweile gleichgesetzt werden.
- Fröhlichkeit als Lebenshaltung und gleichmäßig über längere Zeit gehaltene Konzentration bedingen einander.
- Interesse läßt auch Mängel und unangenehme Seiten überwinden.
- Spontane Aufmerksamkeit wird im allgemeinen von Neigungen (aber auch von Angst) gesteuert und ist mit hoher Konzentration verbunden.
- Aufmerksamkeit heißt, alle Sinne, die eine Sache in Anspruch nimmt, auf diese Sache zu richten.

- Bemühen Sie sich überall genauer hinzusehen, hinzuhören und alle Sinne zu gebrauchen.
- Gehen Sie um die Dinge herum, suchen Sie neue Seiten, unbekannte Gesichtspunkte. Damit vermeiden Sie Einseitigkeit und finden leicht die bis dahin vielleicht verborgenen interessanten Seiten.
- Nur wer mit wachen Sinnen durch die Welt geht, lebt wirklich, Konzentration fällt ihm zu.

3. Wissen, wohin der Weg führt

Wer einen Weg einschlagen will, sollte wissen, zu welchem Ziel dieser Weg führt. Das hört sich so selbstverständlich an – doch wenn es um den Lebensweg, ja selbst kleine Etappen geht, dann haben nur allzuviele Menschen kaum eine Ahnung.

Was würden Sie von einem Bergführer halten, der zu einer Klettertour »Ins Blaue« einlädt? Wahrscheinlich sehr wenig. Man will doch wissen, welcher Gipfel erklommen werden soll, welche Schwierigkeiten der Weg hat, welche Ausrüstung vonnöten ist und mit welcher Zeitdauer man rechnen muß, um oben gut anzukommen. Auch in der Politik gibt es recht verschlungene und unübersichtliche Wege – auch da scheint es vielen an Voraussicht zu mangeln. Ähnliches gilt für die Gesundheit, auch da gibt es Wege, die der Mensch vernünftigerweise beschreiten sollte und die er nicht sieht oder sehen will – man denke nur an den unvernünftigen Konsum von Anregungs- und Genußmitteln. Und da schützt offensichtlich weder höheres Einkommen noch Alter vor Torheit. Wo immer jemand hin will, Kenntnis des Zieles und Kenntnis dessen, was ihn auf der Wegstrecke erwartet, wird den Weg erleichtern.

Sie brauchen Ziele

Je genauer und sorgfältiger Sie Ihr Ziel festlegen, desto leichter wird es Ihnen fallen, den Weg einzuteilen. Nahezu alle Erfolgssysteme, ob mittels Bücher, Fernlehrgänge oder Direktkurse dargeboten, operieren mit genauen Zielanalysen und einer bis ins Letzte detaillierten Planung. Wir haben uns hier auf das Teilziel »Verbesserte Konzentration« beschränkt, deshalb werden kleinere Ziele wichtiger sein, als die großen Aufgaben oder Fernziele, die Sie sicherlich auch im Auge haben. Wobei es wichtig ist, die kleineren Ziele oder auch Aufgaben auf die großen auszurichten.

Eine nützliche Konzentrationsübung besteht bereits darin, Ihre jeweiligen Absichten mit Papier und Bleistift klar zu umreißen. Gewöhnen Sie sich z.B. daran, jeweils in kurzen Formulierungen zu beschreiben, worin eine anzugehende Aufgabe besteht. Vermerken Sie, welche Zeit sie erfordert, woher Sie die Zeit nehmen und wie Sie sie einteilen. Derartige schriftliche Übungen haben mehrfachen Nutzen. Sie lernen dabei, auf das Wichtige zu achten, sich kurz zu fassen, sich präziser auszudrücken. Das alles heißt schon, sich besser zu konzentrieren. Versuchen Sie Ihre Ziele zu analysieren, überlegen Sie, worin ein Problem besteht; das schult die Aufmerksamkeit und führt (hoffen wir es) zur Begeisterung an der Sache. Zur gleichen Zeit erziehen Sie sich zur Sorgfalt und zu genauerem Beobachten. Steht ein Problem zur Lösung an? Versuchen Sie es doch einmal so zu analysieren:

- Wo liegt die Ursache?
- Gibt es mehrere Ursachen?
- Wann und an welcher Stelle begann es?
- Wie wird (könnte) es weitergehen?
- Was kann / muß ich tun (Liste der Lösungsmöglichkeiten aufstellen), damit es in meinem Sinne weitergeht?
- Was muß ich unbedingt tun, um eine Lösung zu finden?
- Welche Schritte stehen als erste an?

Fragen Sie sorgfältig und bemühen Sie sich intensiv um Antworten. Schreiben Sie Ihre Gedanken nieder. Das können grobe Notizen sein. Die niedergeschriebenen Wörter und Sätze müssen aber deutlich Ihre Gedanken repräsentieren. Wenn Sie das tun, sind Sie schon bei wertvollen Konzentrationsübungen.

Was geschieht dabei? Beobachtungsgabe, analytisches Denken und Kritikfähigkeit werden geschult. Sie üben sich im Bewerten. Sie bekommen geistige Arbeit besser in den Griff. Gelingt das, dann gibt es auch für dazugehörige manuelle Tätigkeiten kaum noch Probleme. Wer beim Schreiben auf der Maschine sich dauernd vertippt und kein Anfänger ist, leidet nicht am Unvermögen, die Finger richtig bewegen zu können, sondern an einer geistigen Fehlleistung. Der erfahrenen Hausfrau brennt das Essen nicht an, weil sie ungeschickt ist, sondern weil sie andere Sorgen hat, d.h. ihre Gedanken auf Dinge richtet, die nichts mit der Essenzubereitung zu tun haben. Oft gilt Ähnliches sogar für den Anfänger, ganz gleich in welchem Metier. Er hat die Gedanken nicht »gerichtet«. Natürlich sind allgemeine Übungen wichtig, die Handgriffe soweit programmieren, daß sie unbewußt richtig ablaufen. Dennoch darf man auch beim Geübten die Gedanken nicht abschalten. In der Praxis ist es oftmals so, daß dem Geübten – ohne daß er es merkt – die Gedanken davonlaufen. Kommen Sie dann an eine Stelle der Arbeit, die besondere Mitdenkarbeit erfordert, dann kommt es eben zu den Fehlern – man bemerkt, daß man »unkonzentriert« ist.

Wir verwenden hier öfter das Wort Sammlung anstelle von Konzentration, denn es handelt sich um die Sammlung von Gedanken; richtiger gesagt, um die Versammlung oder Gruppierung der Gedanken um den Gegenstand der Konzentration. Wir können Sammlung durchaus in der üblichen Art auslegen, im Sinne von einsammeln. Es geht darum, Material ein- und anzusammeln und damit ein Reservoir zu füllen. Auch der genialste Geist braucht abrufbare Informationen, geistiges Baumaterial für das Neue. Es ist deshalb durchaus kein Widerspruch zur Konzentration, daß die ganz Großen fast alle recht vielseitig waren und sind. Sie haben weitaus mehr Zeit für ihre Allgemeinbildung verwendet, als der Durchschnitt. Es ist keine Ausnahme, sondern die Regel, daß vielseitige Menschen schöpferische Menschen sind.

Sie sind vielseitig interessiert und dennoch auf die jeweils vorliegende Arbeit hoch (wenn sie wollen: einseitig) konzentriert. Vielleicht darf man sogar sagen: Solche Menschen sind nur deshalb in der Lage, ein spezielles Problem gut zu lösen, weil sie zuvor viele Gedankenbausteine aus verschiedenen Feldern angesammelt haben. Gewinnen Sie daraus für sich die Einsicht: Es lohnt sich, für die Konzentration vielseitige Interessen aufzubringen. Es lohnt sich, viele Informationen = Gedankenbausteine in sich anzusammeln. Das Lernen an und für sich lohnt sich deshalb. Wer konzentriert sein will, darf nicht die Zersplitterung befürworten. Vielseitig sein heißt nicht, verzetteln, sich verlieren, oder wie der Volksmund sagt: Man muß nicht aus jedem Dorf einen Hund haben. Vielseitigkeit heißt keinesfalls, vieles anfangen und nie etwas recht beenden. Es gibt z.B. Clowns, die 50 Instrumente spielen, aber keines richtig. Viele große Musiker spielen jedoch mehrere Instrumente und könnten mit jedem auch als Solist auftreten. Daß sie sich dann voll auf eines konzentrieren, ist eine Entscheidungssache. Unser Vorschlag lautet also: Legen Sie eine breite Wissensbasis an und beschäftigen Sie sich dann voll mit der Aufgabe, die jeweils ansteht.

Halten Sie Ihr Leben lang ihre Lernfreunde aufrecht und gehen Sie, wie es (eigentlich recht unschön) heißt, mit den Augen und den Ohren stehlen. Wer unentwegt von anderen lernt und aus seiner Umwelt neue Informationen sammelt, wird die anderen bald überflügeln und aus der Umwelt herausragen. Das haben uns im großen Stile die Japaner gezeigt.

Im Zusammenhang mit dem aufzustellenden Ziel sprachen wir von Planungen. Planen Sie zunächst für überschaubere Zeitabschnitte und teilen Sie dabei Zeit, Mittel und Kräfte ein. Mit wachsenden Erfolgen können Sie dann auch größere Aufgaben und längeren Zeiträume einteilen. Planen ist sorgfältiges, geistiges Arbeiten und hilft, Konzentration zu erziehen.

Wie sind Sie eigentlich an die Arbeit mit diesem Buch gegangen? Es hat 20 Kapitel, jedes zu rund 10 Seiten. 2 Kapitel haben Sie hinter sich. Wieviel Zeit benötigten Sie für jedes dieser zwei Kapitel? Nehmen wir an, Sie hätten sie nicht nur flüchtig überlesen, vielmehr aufmerksam mitgedacht, dann werden Sie dennoch bis zu dieser Stelle kaum mehr als eine halbe Stunde gebraucht haben. (Das hängt auch etwas von der eingesetzten Lesetechnik ab.) Nehmen wir an, Sie hätten sich Notizen gemacht und intensiver über die verschiedenen Aussagen nachgedacht, möglicherweise zwischendurch Ihre Konzentration erprobt, dann war der Zeitaufwand höher.

Gehen wir davon aus, daß ein Kapitel dieses Buches eine Arbeitsstunde verlangt. Dann ist zu erwarten, daß noch weitere 18 Stunden Arbeit mit diesem Buch vor Ihnen liegen. Die sollten Sie nun einteilen. Sie könnten z.B. an zwei Tagen eines Wochenendes (Sonnabend und Sonntag) je 9 Stunden arbeiten. Na, dankeschön, wo bleibt da Familie, Freund, Fernseher, und, und, und? Sie können 6 × 3 Stunden für die nächsten Tage planen und wären dann in einer Woche durch. Auch das halten wir für falsch, zumindest unzweckmäßig. Besser wäre es, an jedem Tag nur ein Kapitel intensiv durchzuarbeiten. Dann liegen zwar noch 18 Tage vor Ihnen (die durchaus nicht hart aneinandergereiht zu sein brauchen) – aber dann haben Sie sehr viel für die Verbesserung Ihrer Konzentration getan. Möchten Sie wirklich mehr tun, als ein Kapitel aufmerksam zu lesen und die Übungen verlangen, dann versuchen Sie sich in weiteren Übungen. Z.B. in der Sorgfaltsübung des Kapitels 1 oder im genaueren Beobachten (betrachten von allen Seiten) wie im 2. Kapitel empfohlen.

Nehmen Sie nun einen Bleistift und planen Sie im folgenden Formular.

Planung der weiteren Arbeit mit dem Buch »Konzentrieren keine Kunst«

1. Kapitel am _____ durchgearbeitet – Zeitdauer etwa ____

2. Kapitel am _____ durchgearbeitet – Zeitdauer etwa ____

3. Kapitel am _____ durchgearbeitet – Zeitdauer etwa ____

4. Kapitel wird am ____ durchgearbeitet/Kontrolle: eingehalten*

                                                                      Ja   Nein

   Zeitdauer _____ Sonstiges _____

5. Kapitel wird am ____ durchgearbeitet   Ja   Nein

   Zeitdauer _____ Sonstiges _____

6. Kapitel wird am ____ durchgearbeitet   Ja   Nein

   Zeitdauer _____ Sonstiges _____

* Wenn nicht eingehalten, Gründe prüfen und Klarheit schaffen, wie künftig Abweichungen zu vermeiden sind. Planen Sie von vornherein Zeitreserven ein.

7. Kapitel wird am _____ durchgearbeitet   Ja   Nein

   Zeitdauer _____ Sonstiges _____

8. Kapitel wird am _____ durchgearbeitet   Ja   Nein

   Zeitdauer _____ Sonstiges _____

9. Kapitel wird am _____ durchgearbeitet   Ja   Nein

   Zeitdauer _____ Sonstiges _____

10. Kapitel wird am _____ durchgearbeitet   Ja   Nein

   Zeitdauer _____ Sonstiges _____

11. Kapitel wird am _____ durchgearbeitet   Ja   Nein

   Zeitdauer _____ Sonstiges _____

12. Kapitel wird am _____ durchgearbeitet   Ja   Nein

   Zeitdauer _____ Sonstiges _____

13. Kapitel wird am _____ durchgearbeitet   Ja   Nein

   Zeitdauer _____ Sonstiges _____

14. Kapitel wird am _____ durchgearbeitet   Ja   Nein

   Zeitdauer _____ Sonstiges _____

15. Kapitel wird am _____ durchgearbeitet   Ja   Nein

   Zeitdauer _____ Sonstiges _____

16. Kapitel wird am _____ durchgearbeitet   Ja   Nein

   Zeitdauer _____ Sonstiges _____

17. Kapitel wird am _____ durchgearbeitet   Ja   Nein

   Zeitdauer _____ Sonstiges _____

18. Kapitel wird am _____ durchgearbeitet   Ja   Nein

   Zeitdauer _____ Sonstiges _____

19. Kapitel wird am _____ durchgearbeitet   Ja   Nein

   Zeitdauer _____   Sonstiges _____

20. Kapitel wird am _____ durchgearbeitet   Ja   Nein

   Zeitdauer _____   Sonstiges _____

Planung allein reicht nicht – es gilt auch sorgfältig zu überwachen, ob der Plan eingehalten wird. Wird er es nicht, so ist sofort nach dem Warum zu fragen. Sollten Sie gewichtige äußere Umstände zwingen, vom Plan abzuweichen, dann müssen Sie Ihren Plan ändern. Das gilt jedoch nur dann, wenn sich diese Umstände nicht korrigieren lassen und zu erwarten ist, daß sie weiterhin ihren Einfluß nehmen. Gerade bei Aufgaben wie dieser Planung, die bei allem späteren großen Zeitgewinn zunnächst zusätzlichen Zeit- und Arbeitsaufwand erfordern, gilt es, sehr flexibel zu sein. Viele gute Vorsätze (z.B. Arbeit mit Fernkursen / Selbstunterrichtswerken) werden schon bald wieder aufgegeben, weil man den Zeitaufwand, den sie mit sich brachten, nicht überblickte.

Liegt es in Ihrer Macht, sich störenden Einflüssen zu entziehen – können Sie etwas positiv ändern –, dann sollten Sie das unbedingt tun. Wir betonen diese Beinahe-Selbstverständlichkeit deshalb, weil bei schwächeren Charakteren Störungen gern als Vorwand herhalten müssen, um die eigene Trägheit zu entschuldigen. Nicht eingehaltene Pläne sind gleichsam mangelnde Erforlgserlebnisse. Wie aufgegebene Vorsätze wirken sie negativ auf viele spätere Arbeiten ein und halten die Konzentrationsfähigkeit niedrig. Ganz besonders gilt es sich zu disziplinieren, wenn Ablenkungen in einem selbst liegen. Während einer Lesearbeit kann man nicht fernsehen. Auch wirkt laute Musik ablenkend von geistiger Tätigkeit. Nichts gegen das Fernsehen, das kritisieren schon die Kollegen von anderen Programmen. Ebenso keine Einwände gegen Kinobesuch oder sonstige Freizeitbeschäftigung. Aber das alles ist in der Planung zu berücksichtigen.

Zur Planung gehört auch Ordnung – eine äußere Ordnung, die keine Pedanterie zu werden braucht und sich darin zeigt, daß aufgeräumt ist und jedes Ding an seinem Platz liegt. Künstlerische

Unordnung ist Unfug. Auch der schaffende Künstler muß den Überblick haben. Es muß soweit aufgeräumt sein, daß die Dinge, die jeweils gebraucht werden, sofort zu finden sind. Werkzeug, Material, Zubehör müssen griffbereit sein – auch das gehört zur Konzentration. Zwar behauptet ein Scherzwort: »Wer Ordnung hält, ist nur zu faul zum Suchen«, doch das gilt keinesfalls für Menschen, die sich besser konzentrieren möchten. Sicherlich haben Sie es selbst schon längst erlebt, daß durch Sucherei, besonders jene, die durch Unordnung entsteht, die ganze Konzentration in die Binsen gehen kann.

Der äußeren Aufgeräumtheit und der Ordnung in der Umgebung entspricht eine innerliche Aufgeräumtheit. Man spricht dann auch von innerer Ordnung, von Gelassenheit und Ruhe. Auch sie ist nicht nur eine Sache des Charakters, sondern auch der Umwelteinflüsse und der Disposition (Gesundheit, Tageszeit, Ermüdung). Aber gerade dann, wenn die unbeeinflußbaren Faktoren sich öfter auswirken, ist es wichtig, die beeinflußbaren im Griff zu haben. Dazu gehört ohne Zweifel die äußere Ordnung, der aufgeräumte Arbeitsplatz. Bemühen Sie sich ferner, durch ruhige Überlegungen, also durch vernünftiges Denken, zu innerer Ruhe zu kommen. Aus dieser Ruhe erwächst Ihnen größere Aktivität und tiefere Konzentration. Erzeugen Sie keine »Nervosität« durch negatives Denken. Die Praxen der Psychotherapeuten sind heute leider vielfach bevölkert von Menschen, die sich selbst durch falsches Denken um ihre Ruhe bringen.

Wollen Sie Konzentration erzielen, dann gehen Sie in folgenden 8 Stufen vor:

1. Eine Zielvorstellung entwickeln.
2. Ziel präzise formulieren (schriftlich).
3. Interesse – Spaß – Begeisterung herbeiführen.
4. Plan aufstellen (am besten wieder schriftlich).
5. Alle Sinne einschalten – mit genauer Beobachtung arbeiten.
6. Ordnung herstellen (aufräumen).
7. Ruhe einstellen (aufgeräumt sein).
8. Sorgfältig vorgehen / denkend arbeiten.

Wir erinnern uns an das Wichtigste

- Je genauer Sie Ihre Ziele bestimmen, desto besser läßt sich der Weg erkennen und einteilen.
- Klein- und Nahziele (z.B. die Lösung einer augenblicklichen Aufgabe) auf die Fernziele abstimmen.
- Sich ständig darin üben, die eigenen Absichten in klare Worte zu fassen, sich kurz und präzise auszudrücken.
- Probleme genau zu analysieren versuchen. Listen von Ursachen und Gegenmaßnahmen zusammenstellen.
- Ziehen Sie das Wichtigste aus solchen Listen in Form kurzer Aussagen heraus.
- Betrachten Sie diese Maßnahmen schon als Konzentrationsübungen und schulen Sie Ihr analytisches Denken und Kritikfähigkeit damit.
- Nehmen Sie Sammlung im doppelten Sinne des Wortes für die Konzentration ernst. Einmal als Gruppierung aller Gedanken um ein Kernproblem (Versammlung), zum anderen als Ansammlung von Gedankenbausteinen.
- Bauen Sie vielerlei Interessen auf – es lohnt sich um der Konzentration willen.
- Das Lernen an und für sich lohnt sich, wenn es zu breiterem Basiswissen führt.
- Planen Sie sorgfältig. Teilen Sie Ihre Mittel und Kräfte so ein, daß die Probleme lösbar werden.
- Fangen Sie schon mal mit der Planung für die Arbeit an diesem Buch an.
- Überwachen (kontrollieren) Sie jede Planung und geben Sie sich über Abweichungen (und wie sie künftig zu vermeiden sind) Rechenschaft.
- Halten Sie dennoch Ihren Plan flexibel und passen Sie ihn Ihren anderen Wünschen und Arbeiten an.
- Entziehen Sie sich negativen, ablenkenden, störenden Einflüssen, soweit Sie es vermögen.
- Achten Sie sowohl auf die äußere Ordnung (Ordnung am Arbeitsplatz) als auch auf ihre »innere Ordnung«.
- Werkzeuge und Dinge, die Sie bei Ihrer Arbeit benötigen, sollten unbedingt in Griffweite bzw. Sichtnähe sein.

- Der Stufenweg zur Konzentration:
  Zielvorstellung
  Zieldefinition
  Interesse, Spaß, Begeisterung
  Planung
  Beobachtungsgenauigkeit
  Ordnung
  Innere Ruhe
  Sorgfalt

4. Lassen Sie sich zur Konzentration anregen

Szene: Etwa ein Dutzend Menschen stehen in der Nähe einer Straßenkreuzung. Einige warten gelangweilt auf den Omnibus, der sie zu Abendbrot und Fernsehkrimi nach Hause bringen soll, andere sind im Gespräch über unfehlbare Lottosysteme vertieft, wieder andere betrachten das Schaufenster einer Boutique. Dann kracht es – Blech auf Blech. Schlagartig ist aller Herumstehenden Konzentration gerichtet. Vergessen sind Abendbrot und Fernsehkrimi, verdrängt sind Lottochancen und Modeauslagen. Ein Zusammenstoß stieß auch aller Aufmerksamkeit in die gleiche Richtung.

Wer gedankenverloren oder in Gedanken vertieft schockartig durch einen heftigen Schrecken gezwungen wird, seine Konzentration umzuschalten, auf etwas »Besonderes« zu richten, tut das kaum freiwillig. Der äußere Anlaß reicht aus, alle aufmerksam werden zu lassen. Neugier, Schadensfreude, Anteilnahme bzw. Interesse wurden geweckt. Will Vater ähnliche Schockwirkung erreichen, wenn es ein Donnerwetter gibt, weil er die Filia oder den Filius anstatt beim Latein bei der Lektüre von Comic-Heften erwischt, darf er nicht gleichen Interesses sicher sein. Wie auch immer, ob für sich selbst oder für einen, dem man wohl will, sollte der Anstoß für ein Interesse besser positiv sein. Denken Sie auch daran, wenn Sie sich um Konzentration bemühen. Versuchen Sie zu einer Erwartung zu kommen, die Konzentration sicher nach sich zieht.

Dazu brauchen Sie gesundes Selbstvertrauen. Jeder Zweifel in Ihrer Erwartung setzt die Konzentrationsfähigkeit herab, weil Zweifel fehlgeleitete Gedankenkraft, negative Aktivität ist. Negative Aktivität ist der Konzentration noch abträglicher als Passivität, weil aus letzter leichter herauszukommen ist.

Am besten ist und bleibt es, sich positiv zu aktivieren oder zu motivieren, wie wir es früher hier im Buch nannten. Im Sinne der auf ein Objekt, auf eine Aufgabe einzustellenden Sammlung, d.h. der Konzentration auf einen bestimmten Gegenstand, Thema oder Problem, ist jeder Gedanke negativ, der nicht auf dieses Thema gerichtet ist. Aus diesem Grund soll zwischen zwei Tätigkeiten, deren jede die volle Konzentration beansprucht, ein Abstand liegen. Nicht ohne Grund sind zwischen Schulstunden mit verschiedenen Fächern kleine Pausen eingeblendet, in denen sogar Lärm und Herumtoben akzeptiert werden.

Im Berufsalltag glauben viele Menschen mit einer Großpause auszukommen. Oft wird die sogar noch gekürzt, damit früher Feierabend ist. Was dann von der Konzentration übrigbleibt, läßt sich denken. Doch keine Bange, Arbeitnehmer verstehen schon zu Schaltpausen zu kommen. Vom Kaffeebrühen, bis zum Zigarettenpäuschen, der ausgedehnteren Erledigung dringender Bedürfnisse, bis zum abteilungseigenen Lottotip gibt es ein reichhaltiges Arsenal von Kunstpausen. Kluge Vorgesetzte (die gibt es ab und zu wirklich, so wie die lärmduldenden Pädagogen) werden solche Kleinpausen akzeptieren (steuern sie sogar mitunter durch einen alten Witz, über den dann alles pflichtschuldigst lacht). Lösen auch Sie ganz bewußt Ihre Gedanken von einer Arbeit, wenn diese beendet ist. Ein paar Streckübungen oder Atemübungen wären dann nicht schlecht.

Lassen Sie los – und werden Sie gelassen, bevor eine neue Aufgabe wieder Ihre volle Konzentration beansprucht. Sicher, wer in der harten Auseinandersetzung einer Diskussion alle Gedanken streng gesammelt hat, kann diese Gedanken nicht so einfach loslassen. Er kann sicher nicht voll ab- oder umschalten, wenn er die Tür beim Verlassen des Sitzungssaales hinter sich zuwirft. In einem solchen Fall müssen die Gedanken auslaufen. Das könnte sogar vorgeplante Zeit erfordern, in der Notizen gemacht werden, die von Ergebnissen oder auch Fehlern berichten (die dann später zu vermeiden sind). Empfängt jedoch jemand, der derartiges tut, Besucher, diktiert ein Angebot, gibt Anweisungen, so wird wohl seine Konzentration auf all diese Dinge durch die nachlaufenden Diskussionsgedanken erheblich beeinträchtigt. Steht gar eine wichtige Arbeit bevor, nehmen wir mal an, eine weitere Besprechung oder Diskussion, so könnte sie (gewissermaßen aus der nahen Zukunft heraus) Gedanken an sich ziehen und damit wieder von Dingen ablenken, die eben mal zwischendurch erledigt werden sollen.

In solchen Fällen ist eine Vorbereitung auf das Kommende erforderlich. Es ist dann besser, 10 – 20 Minuten scheinbar untätig dazusitzen, in Wahrheit jedoch intensiv nachzudenken (eigentlich vorzudenken), als noch schnell, mit halber Konzentration, einen Bericht zu lesen, ein paar Briefe zu diktieren oder was immer sich in solche Kurzzeiten hineinpressen läßt.

Wir wollen nun ein paar Anstöße oder Anreize betrachten, die Konzentration einleiten, um zu überlegen, wie sie sich beeinflussen lassen. Wir finden sie zunächst in uns selbst als Wünsche, Freude an einer Sache, Suche nach Befriedigung. Meist gibt es Anstöße von außen. Der Nachbar hat ein neues Auto – und schon wünschen wir, es ihm gleich zu tun. War der Kollege auf Mallorca, so wünschen wir eine Reise nach Gran Canaria, war jener dort, müssen wir auf die Malediven. Irgendwo in Amerika soll ein geschäftstüchtiges Reisebüro bereits Flüge auf den Mond buchen – da werden ja dann die Marsbuchungen nicht lange auf sich warten lassen.

Bleiben wir bescheiden im Kleinen. Sieht man es als Erfolg an, im Leistungslohn höhere Stückzahlen (sprich: Einkommen) zu erreichen oder von den Kollegen (bzw. Kolleginnen) bewundert zu werden, so genügt die dahinter stehende geistige Haltung vollauf, um Konzentration zu erzeugen. Es ist ja auch ganz legitim, sich etwas von ganzem Herzen zu wünschen und sich dann auf die Erfüllung des Wunsches zu konzentrieren. Nur wäre es recht unklug, dabei die ebenso erlaubten und berechtigten Wünsche der anderen zu mißachten. Besser als der reine Wunsch, der nach seiner Erfüllung nicht mehr zugkräftig auf die Konzentration wirkt, wäre es, Freude an der Leistung selbst und den sich laufend daraus ergebenden Erfolgen zu gewinnen und konstant zu halten. Das ist die geforderte Begeisterung, für die Freude eine erste Stufe ist. Wollen Sie noch ein wenig tiefer ansetzen? Dann suchen Sie nach schlichter Befriedigung in Ihrer Arbeit. Aber vielleicht ist das gerade das schwierigste. Wünsche aufstellen ist leicht, sie zu erfüllen mag mit kurzem, kräftigem Aufwand immer möglich sein. Freude zu gewinnen gelingt jedem über gewisse Strecken seiner Arbeit. Wenn nicht, sollte er sich schnellstens einen anderen Beruf bzw. eine andere Tätigkeit suchen. Den Zustand schlichter Zufriedenheit herzustellen heißt, fast das Höchste zu erreichen. Dem Zufriedenen fällt es sicher leichter, auf Anstöße von außen zu achten und sie für die eigene Konzentration zu nützen, es sei denn, es handelt sich um jene satte Zufriedenheit, die letztlich in Faulheit mündet. Wir meinen vielmehr jene Spielart, bei welcher der Mensch weiß, daß er etwas für seine Zufriedenheit tun muß.

Ganz gleich, in welcher Position sich der Mensch befindet, er erhält Anweisungen, Aufträge, Befehle. Was er nicht so leicht erhält, sind positive Emotionen. Dafür muß er selbst sorgen, darum muß er sich bemühen. Besonders in den tieferen Stufen einer Hierarchie verursachen Arbeitsaufträge ein Murren, ein Gefühl, gestört zu werden. Das sind dann wieder negative Gedanken, die die Konzentration von vornherein mindern. Einen Auftrag zu bejahen, eine Forderung anzunehmen erhöht hingegen die Konzentration wesentlich. Das gilt auch dann, wenn es sich um unangenehme Aufgaben handelt. Denn in dem Fall verhilft Konzentration dazu, das Unangenehme, das aber doch getan werden muß, schneller hinter sich zu bringen. Im anderen Fall begibt sich der Mensch, gleich dem nachlässigen Schüler, in die Gefahr, länger mit der unangenehmen Arbeit beschäftigt zu sein und sie bei Fehlern gar wiederholen zu müssen. Ergo gilt es, sich mit dem Gegenstand der Konzentration zu identifizieren.

Würden Sie jetzt eine Konzentrations-Übung dem weiteren Lesen vorziehen? Bitte sehr – Sie brauchen dazu nur Schreibpapier und Schreibgerät: Schreiben Sie zunächst nieder, welche unangenehmen Arbeiten gelegentlich auf Sie zukommen (oder zukommen könnten). Stichworte genügen. Schließen Sie dann die Augen! Malen Sie sich eine dieser unangenehmen Arbeiten in Ihrer Phantasie aus und überlegen Sie dabei intensiv, wie diese Arbeit schnell und doch einwandfrei erledigt werden kann. Machen Sie auch dazu ein paar Notizen. Wiederholen Sie das Spiel mit einer weiteren miesen Arbeit aus Ihrer Reihe. Wichtig bei alledem ist, daß Sie sich ganz deutlich (sozusagen farbig und plastisch) vorstellen, wie Sie sich in der durchdachten Arbeitssituation verhalten würden. Vielleicht ziehen Sie daraus den Gewinn, daß Sie später gleichgeartete Situationen schneller und besser meistern.

Und nun gehen Sie erst mal an die Übung!

Mit derartigen Übungen bringen wir wieder die Phantasie ins Gespräch. Trainierte Vorstellungskraft hilft nachweislich, sich späteren, gleichgearteten Realitäten besser anzupassen. In letzter Zeit nennt man so etwas »Mentales Training«, aber die Sache selbst ist uralt. Auf diese Weise hat vor über 50 Jahren die Fliegerin Hanna Reitsch schwierige Manöver einstudiert. Namhaften Skiläuferinnen unserer Zeit (z.B. die Epple-Schwestern) betrieben ganz ähnliches.

Auch das ist Konzentration: Bei Bedarf sofort die richtigen Maßnahmen ergreifen zu können, um die Situation zu meistern.

Wir sprachen jetzt mehr über unangenehme Arbeiten, weil es bei diesen schwieriger ist, sich zu konzentrieren. Nichts sollte Sie jedoch daran hindern, auch bei anderen Arbeiten entsprechend vorzugehen. Im Grunde genommen ist jedes Vorbedenken, jede gedankliche Vorbereitung späterer Maßnahmen und Arbeiten eine Art mentales Training, welches schon für sich betrachtet eine Konzentrationsübung ist und darüber hinaus die später für die Arbeit benötigte Konzentration erzeugt. Soll Arbeit gut gelingen, so ist es wichtig, schnell zu entscheiden, wann was wie getan werden soll. Entscheidungen zu treffen ist für jeden wichtig. Da haben wir z.B. den Maschinenschlosser (fällt Ihnen unser Freund aus dem Kapitel 1 ein?), der entscheiden muß, welche Feile, welcher Schraubendreher, welcher Bohrer zu nehmen ist und wie dann die Werkzeuge anzusetzen sind. Selbstverständlich? Sagen Sie das nicht, ich sah auch andere, die mit Meißel und Hammer »schrauben« und mit der groben Feile »schlichten«. Was hat das mit Konzentration zu tun? Erinnern Sie sich: Ordnung, Sorgfalt, Präzision. Wenn die Arbeit am schlechten oder falsch gewählten Werkzeug scheitert, dann liegt da eine Quelle (meist selbstverursachter) Störungen der Konzentration. Hohe Konzentrationsleistungen verlangen zweckmäßige, passende, erstklassige Werkzeuge. Beispielsweise sind viele sogenannte Schülerzirkel folgefalsch, unbrauchbar für qualifizierte Arbeit und damit für höhere Konzentrationsleistungen. Bei schlechten Werkzeugen bedarf es eines Meisters in der Handhabung, aber auch der wird einen Teil seiner Konzentration auf das Werkzeug richten müssen – wieder jenen Teil, der bei der eigentlichen Arbeit fehlen könnte.

Bleiben wir kurz beim Schüler. Niemand kann ernsthaft bestreiten, daß beispielsweise von Gymnasiasten Hochleistungen geistiger Arbeit verlangt werden. Das werden Sie merken (wenn Sie nicht gerade berufsmäßiger Mathematiker sind), wenn Sie Ihrem Sohn oder Ihrer Tochter in der Untersekunda bei den Hausaufgaben helfen wollen. Für Physik, Chemie und manches andere Fach gilt ähnliches. Von Griechisch oder Lateinisch wollen wir gar nicht erst reden. Schüler müssen fortlaufend entscheiden, werten, urteilen und analysieren. Wir sollten ihnen möglichst gute Arbeitsbedingungen und Präzisionswerkzeuge beschaffen. Ein zweckmäßiges Sitzmöbel muß sein, für den Arbeitstisch gilt das gleiche. Dazu wäre beste Beleuchtung zu verlangen. Und auch die harmonische Umgebung ist von Bedeutung – wir meinen vor allem das Verhalten der Mitmenschen in dieser. Der Schüler kann sich aber nur konzentrieren, wenn auf Hi-Fi-Anlage und Fernseher während der Aufgaben verzichtet wird, wenn er seine Niederschrift nicht schnell am Küchenbuffet hinkritzelt, Werkzeuge pflegt, Ordnung hält – und schließlich Streit und Auseinandersetzungen vermeidet. Auch darüber muß er entscheiden.

Bei der Entscheidung über die Lösung von Problemen muß man sich auch mitunter den Gegebenheiten anpassen, wenn sie nicht zu optimieren sind. Das gilt natürlich nicht nur für den Aufbau von Konzentration, sondern für jedes Problem. Schon die Hausfrau, die sich nicht entscheiden kann, ob sie einen Sauerbraten auf den Tisch bringen, oder das schöne Stück Fleisch zu Gulasch verarbeiten soll, wirkt gegen die eigene Konzentration. Noch schlimmer ist es, wenn sie sich nicht zwischen Rind oder Schwein entscheiden kann. Dann ist es nicht möglich, das richtige einzukaufen, die passenden Schüsseln und Töpfe bereitzustellen und das Essen zu braten oder zu kochen. Wenn unser Schlosser nicht entscheidet: Dieses Werkzeug für diesen Zweck, um jene Arbeit sorgfältig und bestens zu verrichten, dann kommt er erst gar nicht zum Arbeiten. Wenn er falsch entscheidet, verschlechtert sich das Arbeitsergebnis. Nicht nur der Start einer Arbeit, sondern ihr ganzer Fortgang erfordert laufend Entscheidungen. Wer in Entscheidungen geübt ist, dem gelingt es weit besser, sich zu konzentrieren, als es der ewig Unentschlossene vermag. Sehen wir von äußeren Hilfen ab, etwa von einem besonders günstigen Angebot, das unserer Hausfrau die Entscheidung »Was soll ich kochen?« nahezu abnimmt. Ebenso: Wenn einer 6 mm Gewinde zu schneiden hat, kann er keine 12 mm Kluppe wählen und erst recht nicht mit dem Hammer arbeiten. Entscheiden heißt Auswahl unter mehreren Möglichkeiten. Von diesen Möglichkeiten soll man die richtige, die zweckmäßigste und am schnellsten zum Erfolg führende auswählen. Auch das heißt, sich zu konzentrieren.

Sie lasen in diesem Kapitel

- Anstöße und Anreize richten die Konzentration. Es hilft Ihnen weiter, sich um sie zu bemühen. Nach Möglichkeit sollen die Anstöße positiver Art sein.
- Entwickeln Sie gesundes Selbstvertrauen. Erwarten Sie mit Sicherheit, daß Sie sich konzentrieren können. Zweifel und Mißtrauen bauen negative Gedankenkräfte auf, die der Konzentration entgegenwirken.
- Negative Aktivitäten sind der Konzentration noch abträglicher als Passivität.
- Legen Sie zwischen unterschiedlichen Arbeiten, die jede für sich hohe Konzentration kosten, bewußte Schaltpausen (oder auch Entspannungsübungen).
- Höchstkonzentration hat ihre Grenzen. Lösen Sie die Gedanken von Arbeiten, die beendet sind. Gestatten Sie Ihren Gedanken nicht, dem Erledigten nachzulaufen.
- Bejahen Sie Aufträge oder Anforderungen, auch die weniger angenehmen. Nur dann bringen Sie Ihre Gedanken auf den rechten Weg zur Konzentration.
- Eine brauchbare Konzentrationsübung besteht darin, zu erwartende unangenehme Arbeiten aufzulisten und sich in der Phantasie vorzustellen, wie man sie am besten hinter sich bringt.
- Trainierte Vorstellungskraft (Mentales Training) trägt dazu bei, sich situationsgerecht zu verhalten.

- Lernen Sie, sich schnell zu entscheiden. Üben Sie zuerst an kleinen Aufgaben.
- Achten Sie streng darauf, daß Ihnen für Ihre Arbeiten die besten Werkzeuge zur Verfügung stehen.
- Passen Sie sich den unveränderlichen Gegebenheiten an. Optimieren Sie die veränderlichen.
- Wer darin geübt ist, sich jederzeit schnell entscheiden zu können, dem gelingt es, sich besser zu konzentrieren.
- Wenn man die Möglichkeit auswählt, die am schnellsten und am besten zum Ziel führt, konzentriert man sich bereits.

5. Denken im Mittelpunkt des Handelns und der Konzentration

Einführung in die Maschinenkunde an einer Berufsschule. Ort der Handlung könnte überall sein. Zeit der Handlung: Vor rund fünfzig Jahren. Der Lehrer beginnt, wie die meisten Redner heute noch: Im Altertum. Dann fragt er, welche Maschinen die Menschen früher zu nutzen wußten. Alles schweigt, nur hinten in der Ecke meldet sich einer und antwortet stolz: »Den Hammer!« Ein interessantes Farbenspiel überläuft des Lehrers Antlitz. Von blaßweiß oder rosa bis hin zum Zornesrot geht die Skala (er wollte doch so gern auf Rad und schiefe Ebene hinaus). »Du bist selbst so ein Hammer, behämmert bist Du!« »Ich dachte...« entgegnete der zum Deliquenten gewordene Schüler (und ausnahmsweise hatte er wirklich gedacht: Maschine, habe ich mal früher in der Schule gehört, kommt aus dem griechischen Wort für Werkzeug). Aber er kommt nicht mehr dazu zu sagen, daß er vielleicht auch noch an den verlängerten Arm, die Übertragung von Muskelkraft und Schwung usw. »dachte«, denn er hat schon die Hand des Lehrers auf der Wange. »Du sollst hier nicht denken, sondern mal vernünftig überlegen!«

Wie oft bekommt der Mensch in seinem Leben zu hören, daß er nicht denken, sondern vernünftig handeln solle. Was Vernunft ist, bestimmen Eltern, Lehrherren, Lehrer, Unteroffiziere, Prinzipale, Vorgesetzte aller Grade. Kleriker und Politiker schienen sich auch jahrhundertelang darin einig zu sein, daß Untergebene nicht zu denken haben, daß Denken gar gefährlich sei. Ist es bei solcher Erziehung ein Wunder, daß Denken auch heute noch vielen Menschen als verbotene Tätigkeit erscheint, die dann obendrein mit unangenehmer Arbeit verbunden ist? Dabei ist Lernen (und jede Informationsverarbeitung durch des Menschen Hirn ist mit Lernvorgängen verbunden) ohne Denken bestenfalls Drill, der meist nur vorübergehend zu einer Verhaltensänderung führt.

Die Aufforderung müßte vielmehr lauten: Denke, denke, denke! Ein wenig wird es ja wohl ein jeder tun, doch wir meinen: Denke intensiv und bewußt! Oder hier: Denke konzentriert! Klingt wieder mal ganz schön einfach: Wer konzentriert denkt, der ist konzentriert. Freuen Sie sich über derartige »Banalitäten«, denn wenn es sich um solche handelt, muß es doch ganz einfach sein, sich zu konzentrieren. Über das Denken selbst ist von vielen Menschen intensiv und tief nachgedacht worden. Bescheiden wir uns hier mit der Zweiteilung: Schöpferisches Denken und nachvollziehendes Denken. Alle Menschen wenden gelegentlich beide Formen an. Unterschiedlich ist der Aufwand. Billigen wir dem Architekten, dem Konstrukteur, dem entwerfenden Typographen und ähnlichen Berufen zu, daß ihre Arbeit vorzugsweise im schöpferischen Denken besteht, wenngleich der Anteil manueller Tätigkeit an ihrer Gesamtarbeit beträchtlich ist. Auch Komponisten, Organisatoren, Politikern gestehen wir schöpferische Tätigkeiten zu, wenngleich der Anteil handwerklichen Tuns hier geringer ist. Die Arbeit der Bildhauer, Maler, Kunstgewerbler ist nahezu ausschließlich handwerklicher Natur, dennoch denken sie in erster Linie schöpferisch.

Ohne den Anteil der manuellen Tätigkeit besonders zu betonen, geben wir nun ein paar Beispiele für nachvollziehendes Denken, bei denen es aber enge Beziehungen zu manchen der vorgenannten Tätigkeiten gibt. Der Bauzeichner vollzieht die Gedanken des Architekten ebenso nach, wie der Modellbauer die des Konstrukteurs und der Setzer die des Typographen. Ähnliches gilt für die Musikanten, die der Vorlage des Komponisten folgen. Viele Fach- und Hilfskräfte, sowie alle aktiv am Umweltgeschehen Teilnehmenden folgen zunächst den Gedanken der Politiker (sogar die von der Opposition). Gerade an diesem Beispiel zeigt sich aber, daß der schöpferisch Denkende vom nachvollziehenden Denken zum schöpferischen kommen und sich mit den Gedanken manches anderen auseinandersetzen muß. Wer zunächst nachvollzieht, wird womöglich schöpferisch denken.

Obwohl schöpferisches Denken zu höheren Konzentrationsleistungen führt (oder etwa »weil«?), sind viel mehr Menschen damit beschäftigt, nachzuvollziehen als schöpferisch zu denken.

In den Fabriken werden z.B. Entwürfe eines Bildhauers tausendfach vervielfältigt. Fleißige Strickerinnen folgen ganz ähnlich den schöpferischen Kunstgewerblern, Hunderte von Näherinnen übertragen die Entwürfe eines Modeschöpfers.

Um beide Denkweisen zu pflegen, bieten wir Ihnen zwei Übungen an. Zum einen die schon mehrfach erwähnte sorgfältige Beobachtung, zum zweiten das Handeln oder Probieren, das ja über das Studieren gehen soll. Lernen im allgemeinen, denkend lernen im besonderen, und sich konzentrieren lernen beginnt fast immer mit dem sorgfältigeren Gebrauch der Sinnesorgane.

Man betrachtet etwas sehr eingehend (z.B. beim Lesen / noch intensiver beim Zeichnen). Man lauscht nach Klängen und Geräuschen (z.B. im Vortrag oder im Konzert). Man befühlt einen Stoff, um seine Oberflächenbeschaffenheit zu ertasten. Man schnuppert (z.B. der Koch), um aus aufsteigenden Düften Schlüsse zu ziehen, oder man kostet (Weinprüfer).

Ein guter Teil des Konzentrationstrainings ist demnach Beobachtungsschulung. Sie lasen oben, daß Interesse der genaueren Beobachtung vorausgeht, während Aufmerksamkeit ihr folgt. Inmitten dieses Feldes, bei der Beobachtung, liegt die Konzentration. Wahrscheinlich läßt sich überhaupt kein Handeln, keine aktive Betätigung, von der Beobachtung trennen. Sehr wohl aber kann es bei der Beobachtung bleiben. Es kommt dabei gar nicht erst zu Aktivitäten. Deshalb betonen wird, daß es beim Lernen notwendig ist, etwas zu tun, und daß man durch Handeln in Verbindung mit sorgfältiger Beobachtung am besten lernt. Lernpsychologen sagen es so:

Am wenigsten lernt man durch Riechen und Schmecken (sagen Sie das bloß keinem Essenskompositeur); etwas mehr lernt man durch Tasten, viel mehr durch Hören, sehr viel mehr durch Sehen – am allermeisten jedoch durch das eigene Tun, das mit möglichst allen Sinnestätigkeiten verbunden ist.

Lesen in Verbindung mit Exzerpierarbeit ist eine gute Möglichkeit, Konzentration zu schulen. Noch besser sind Versuche zum

Lesethema. Unterteilen wir das Denken in Phasen, dann kommen wir zur folgenden Reihe:

- Aufnahme von Gedankenelementen
- Bewertung der aufgenommenen Informationen
- Die als brauchbar erkannten Elemente schöpferisch einsetzen

Vom Aufnehmen im Sinne von Lernen war schon die Rede – hier spielt die Beobachtungsgenauigkeit ihre Rolle. Bewerten ist immer mit Selektionsvorgängen verbunden. Es kann nicht alles gespeichert werden – zu viele Informationen stürmen auf uns ein, es gibt zu viel Interessantes auf der Welt. Es soll einmal Universalgenies gegeben haben, die das ganze Wissen ihrer Zeit im Kopf hatten – heute kann auch der genialste Geist nur Bruchteile des Informationsangebotes verarbeiten. Werten Sie also *aus*, prüfen Sie sorgfältig, behalten Sie nur das für Sie Beste (Brauchbarste)! Konzentration heißt auch Beschränkung (von der schon Goethe sagte, daß sich in ihr der Meister zeige). Konzentration heißt also auch: Aus der sich bietenden Fülle auswählen.

Denken ist auch Anteilnahme. Wer sich beliebig bei Bedarf konzentrieren will, muß sich der Welt stellen. Es ist kaum noch möglich, sich ins sogenannte stille Kämmerlein zurückzuziehen. Der heutige Mensch muß seine Konzentrationsprobleme im Trubel einer reizüberfluteten Umwelt lösen.

Nehmen Sie bewußt Anteil und öffnen Sie dabei Ihre Sinne, wie wir es in verschiedenen Zusammenhängen mehrfach forderten. Interessieren Sie sich für das, was in der Welt geschieht. Nicht alles auf einmal, nicht alles durcheinander zu erfassen suchen, sondern eines nach dem anderen ausgewählt. Wichtig ist dabei, Seele und Sinn offenzuhalten. Es gibt keinen Widerspruch zwischen vielseitigem Interesse und notwendiger Selektion. Einmal geht es um die allgemeine Bereitschaft, das andere Mal um die besondere Entscheidung.

Eine Konzentrationsübung

Betrachten Sie ein Gemälde in einer Galerie oder einem Museum. Es kann auch ein Kunstdruck sein, den Sie daheim vor sich aufstellen (nur nicht zu klein). Schauen Sie sich das Bild aufmerksam an und warten Sie, bis es Sie anspricht. Bitte nicht so: Ach ja, Raffael, eine Madonna mit Kind. Habe so was ähnliches mal in der Kirche gesehen – war eigentlich schon lange nicht mehr in der Kirche – Das letzte Mal war bei Roberts Hochzeit – Hat eine nette Frau erwischt – Komisch, gerade der, der noch nie etwas hermachte – Wie oft hat ihn der Lehrer vor der Klasse ... – Ob der wohl noch lebt, der alte Studienrat? – Der hatte doch im gleichen Jahr wie Vater Jubiläum – ja, Vater, das war noch ein Kerl...

Bei solcher Gedankenreihe ist das Bild längst entschwunden, obgleich der Betrachter es noch immer anstarrt. Lassen Sie vielmehr das Bild wirken, versuchen Sie den Stimmungswert der Farben zu erfassen, entdecken Sie die Komposition. Gehen Sie im Bild mit den Augen spazieren, schauen, fühlen, erleben Sie. Dann schließen Sie die Augen und versuchen Sie, das Bild immer noch deutlich vor sich zu sehen.

In diesem Kapitel fanden Sie

- Wenn auch unsere Erziehung und Umgebung dazu beiträgt, daß so mancher das sorgfältige Denken vernachlässigt – Sie sollten diese Tätigkeit ständig üben.
- Lernen ohne mitzudenken ist Drill. Sein Erfolg schwindet zumeist, wenn der Mensch keinen Druck mehr spürt.
- Das Denkenlernen beginnt mit dem sorgfältigen Gebrauch aller Sinne (Beobachtung) und durch eigenes Handeln.
- Sinnesgebrauch ist Beobachtungsschule, der das Interesse vorangeht und die Aufmerksamkeit folgt. Im Mittelfeld liegt die Konzentration.
- Die Konzentration schulen Sie auch, wenn Sie handeln und aktiv sind.
- Denken läßt sich so unterteilen: Aufnehmen, Bewerten, schöpferisch weiterentwickeln (lernen / sich mit dem Gelernten auseinandersetzen / kreativ sein).
- Bei der Bewertung des Aufgenommenen ist Selektion unentbehrlich. Konzentration liegt in der Beschränkung.

- Andererseits ist für die Konzentration auch wichtig, am zivilisatorischen und kulturellen Geschehen teilzunehmen.
- Immer wieder stoßen wir auf den Begriff Interesse, mit dem man sich besonders intensiv befassen sollte.
- Wer sich zu gegebener Zeit gut konzentrieren können will, muß sich auch zu anderer Zeit lösen und entspannen können.
- Eine besondere Konzentrationsübung: Betrachten von Gemälden verbunden mit dem Warten, daß die Kunstwerke zu uns sprechen.

6. Die Sache mit dem eisenharten Willen

Dies ist eine wahre Geschichte aus den 30er Jahren: Der 11jährige Sohn einer alleinstehenden Mutter, die tagsüber arbeiten muß, wächst unter der Obhut seiner Großeltern auf. Der Großvater, ein kränklicher, schwächlicher alter Mann von kleiner Statur, redet auf den Jungen ein, um ihn zu Schularbeiten zu verlassen. Es kommt zu einem heftigen Wortwechsel, an dessen Schluß der Junge den Alten packt und zu Boden stößt. Dann verläßt der Bursche das Haus und geht spielen. Solche Szenen gab es häufig, das Kind tyrannisierte die Familie und setzte seinen Willen durch. Also ein Kind mit eisenhartem Willen? Dazu muß man wissen, daß derselbe Knabe in der Schule ein anderes Verhalten zeigt. Zwar mißhandelt er auch in den Pausen die kleineren und schwächeren Mitschüler, kuscht aber vor den Stärkeren und ist unterwürfig gegenüber dem Lehrer. Da war also nichts vom eisenharten Willen, wenn die Gefahr bestand, selbst bestraft zu werden. Dieses Kind, wie so mancher mit einem scheinbar starken Willen, hatte in Wirklichkeit keinen. Es war einfach verzogen.

Ein anderes Beispiel: Eine junge Dame beginnt einen Sprachfernkursus Französisch. Schon nach wenigen Lektionen gibt sie auf. Befragt, ob sie die Lernarbeit denn nicht fortsetzen wolle, antwortete sie: »Ich will schon, aber ich habe im Moment keine Zeit.« Doch hält der Moment an. Später gibt es etwas anderes und noch später etwas wichtigeres zu tun. Es bleibt nur bei der Beteuerung, lernwillig zu sein. Schon hunderttausendmal war der Wille da, doch er bewirkte nichts. Viele Menschen sind durchaus guten Willens.

»Doch damit ist es leider aus, der Wille bringt nicht viel heraus«, möchte man frei nach Eugen Roth sagen. Was ist das für ein Wille, der nichts zuwege bringt? Keinesfalls ein unbeugsamer, harter, sich durchsetzender. Verdient er dann aber noch seinen Namen?

Mancher Angestellte wartet Jahr für Jahr darauf, daß eine Stelle frei wird. Ist es etwa sein Wille, der ihn warten läßt? Rückt er in einen Posten nach, dann wahrscheinlich, weil er die Arbeit genau kennt, sich bewährt hat, oder Assistent des Vorgängers war. Noch wahrscheinlicher bekam er den Posten, weil kein anderer darauf abzielte, am allerwahrscheinlichsten, weil eine Neueinstellung zu teuer gewesen wäre, oder weil niemand Angst hatte, von diesem »Aufsteiger« eines Tages bedrängt zu werden.

Dann gibt es den Briefmarkensammler, der unbedingt den Nothilfeblock 1932 haben will, der heute gestempelt rund 10 000 Mark kostet. Den Kaufpreis kann unser Sammler aber nicht aufbringen. Er könnte den Block stehlen, doch kommt er nicht dran. Er könnte sparen, aber ein neues Auto ist kurz über lang fällig, und außerdem ist noch so viel anderes nötig. Dem Sammler nützt sein Wille nichts. Eines Tages stirbt der Erbonkel und hinterläßt dem Neffen eine Briefmarkensammlung, die auch das besagte Objekt enthält.

War es etwa starker Wille, der unseren Sammler zum ersehnten Ziele führte? Die Story vom unbeugsamen Willen, der zum Erfolg führt, ist ein Ammenmärchen. »Mit Gewalt läßt sich kein Bulle melken!« hieß es früher deftig beim Barras. Mit Gewalt läßt sich kein Erfolg erzielen und auch keine Konzentration einstellen. Jeder hat schon einmal versucht, sich zu konzentrieren – und es klappte nicht. Wollen verkrampft und zieht zu viele Gedanken, zu viel Konzentration auf sich, die statt dessen auf die Sache gerichtet sein sollten.

Was tun? Fragen wir zuerst nach der Definition von Wille. »Wille ist nichts als magisches, kräftiges Denkvermögen«, sagt Novalis. Nietzsche drückt es so aus: »In Wahrheit heißt etwas wollen ein Experiment machen, um zu erfahren, was wir können.« Eine lexikalische Definition aus dem vorigen Jahrhundert: »Wille im (gewöhnlichen) engeren Sinn ist die Fähigkeit der Seele, sich nach Zweckvorstellungen (Motiven) zur Ausführung einer Handlung zu bestimmen.« – In einem Lexikon unserer Tage heißt es: »Wille, die Fähigkeit des Handelns aus bewußten Motiven oder mit eigener Zielsetzung«. Recht interessant ist es, daß in einem großen philosophischen Wörterbuch aus der DDR der Begriff »Wille« überhaupt nicht als Stichwort geführt wird. (Dort scheint man auch nicht viel vom Willen zu halten).

Drehen Sie es wie Sie wollen, Sie werden letztlich sehen, daß das, was man landläufig Wille nennt, eine Funktion ist. Es funktioniert, wenn Ursachen dafür vorhanden sind oder geschaffen werden. Erinnern Sie sich, was wir bereits über Anstöße und Antriebe sagten. Fragt sich nach wie vor, was es nützt, »Willen« zu entwickeln. In unserem Beispiel vom Briefmarkensammler könnte das Wort Wille auch durch Wunsch ersetzt werden. Mit dem heißen Wunsch war der Wille einfach da. Wünsche sind Anstöße. Wenn ein Mensch etwas wünscht, schaut er sich um, erwägt Möglichkeiten, findet die beste und kommt zum Ziel. Manchmal dauert es etwas länger, dann spielt Ausdauer eine Rolle. Das gilt auch für Konzentration. Konzentration sollten Sie nicht wollen. Suchen Sie nach dem Zugang, bemühen Sie sich, Interesse zu gewinnen. Fragen Sie nach vielen Einzelheiten und den Zusammenhängen, wenn Sie sich auf etwas konzentrieren möchten. Wägen Sie ab: Was führt mich weiter, was hemmt mich (was sollte ich nicht beachten). Suchen Sie weiter, umkreisen Sie gedanklich Ihr Problem, stellen Sie es in den Mittelpunkt. Dann sind Sie schon konzentriert.

Einsicht ist ein Antrieb. Mit Einsicht in das Nützliche und Notwendige kommt der Mensch auf einen Weg, der ihn weiterführt. Auch Not kann voranbringen. Not macht erfinderisch, heißt es, Not lehrt denken. Zu große Not kann zwar lähmen und Kräfte verzehren. Doch normalerweise ist die Grenze sehr weit gesteckt. Der Wunsch, einen Mangel zu beseitigen, setzt Kräfte für Konzentration frei. Antriebe wie Wünsche, Einsichten und Nöte führen allmählich zum Können – auch zu dem Können, das wir Konzentration nennen.

Die Bibel schreibt: »Wer hat, dem wird gegeben!« und meint damit Glauben. Glaube heilt Kranke, beseitigt Not, bringt Frieden und versetzt sogar Berge. Auch Konzentration beginnt mit einem Glauben, den wir auch Einsicht, Zuversicht, Selbstvertrauen nennen.

Dieser Glaube führt zum Interesse, zum Spaß, zur Arbeitsfreude, zur Begeisterung und über Sorgfalt und Beobachtung zur Konzentration. Das meinte der alte Goethe, als er sagte: »Wer immer strebend sich bemüht, den können wir erlösen!« Strebend? Klingt das nicht wieder nach Willen? Wenn Sie das immer noch meinen, lesen Sie dieses Kapitel am besten von vorn oder vertiefen Sie sich in folgende kleine Geschichte:

Arthur Matthes hatte vor fünfzig Jahren kaum die Lehre eines Bankkaufmannes beendet, als er zum Arbeitsdienst einberufen wurde. Anschließend mußte er dienen, oder wie man damals sagte, der Wehrpflicht genügen. Unmittelbar bevor er wieder ins Zivilleben entlassen werden sollte, brach der Krieg aus. Arthur war in Polen dabei, zog durch Frankreich, den Balkan und Rußland bis in den Kaukasus und wieder zurück ins »Reich«. Sein einziges Glück: Er wurde nie ernsthaft verwundet. Vielleicht war das auch sein Pech, denn kurz vor Kriegsende geriet er in russische Gefangenschaft. 1948 kam er zurück, gerade rechtzeitig, um in Berlin die Blokade mitzuerleben. Arthur Matthes war unterdessen 30 Jahre alt, ohne Geld, Familie, Heim – und das in einem Alter, in welchem die Positionen anderer Männer sich zu festigen beginnen. Er fand keine Arbeit, die Bank seiner Lehrjahre existierte nicht mehr. Anderswo zuckte man höflich mit der Schulter. Mit städtischer Hilfe begann er, auf einer Kunstschule zu studieren (heute nennt man das Umschulung), und ist heute der gutsituierte Besitzer einer Werbeagentur, der sich auf den Ruhestand vorbereitet. Was hat das alles mit dem Willen zu tun? Nichts – wie wir schon früher sagten. Überlebensnotwendigkeit, der Wunsch, aktiv zu sein, etwas Not und viel Arbeit führten unseren Freund Arthur Matthes dahin, wo er heute steht. Eines hat er ganz besonders gelernt: Abzuwarten, Ruhe zu bewahren, wachsam Chancen zu nutzen.

Genau das sollten Sie auch erlernen, wenn Sie sich besser konzentrieren wollen.

So haben wir den Willen betrachtet

- Mit Gewalt kann man Konzentration nicht erzwingen. Konzentration können Sie nicht »wollen«. Wer sich konzentrieren will, erreicht meist das Gegenteil.
- Betrachten Sie Wille als eine Funktion. Es funktioniert in uns etwas, wenn die richtigen Voraussetzungen vorhanden sind oder geschaffen werden.
- Wenn ein starker Wunsch vorhanden ist, folgt der Wille gehorsam wie von selbst und braucht nicht lange erweckt oder gestärkt zu werden.
- Nicht Wille, sondern Interesse ist der Ausgangspunkt des Weges, der zur Konzentration führt.
- Ebenso wie Wunsch oder Interesse kann auch Einsicht den benötigten Anstoß geben. Entwickeln Sie deshalb Einsicht. Dann ist auch der sogenannte Wille da.
- Anstöße kommen gelegentlich aus der Not. In solchen Fällen setzt eine unangenehme oder bedrohliche Situation den Willen automatisch in Gang.
- Statt Willen erzwingen zu wollen ist es besser, Zuversicht und Vertrauen zu entwickeln. Sie sind gute Voraussetzungen für Konzentration.
- Abwarten, Ruhe bewahren und Chancen nutzen führt eher zur Konzentration, als gewaltsame Willensanstrengungen.

7. Konzentration in der Einstellung zum Leben

Vieles spricht für Freude ohne Begehren. Das ist ein anderer Weg zur Konzentration. Man könnte sagen: Das ist eine ganz andere Art der Konzentration. Sie führt über Verinnerlichung zum Geist, über Meditation zum Bedürfnis, daß der Mensch zu Gott einkehrt. Ein wundervoller Weg – von dem hier aber nicht die Rede ist. Wir sprechen von einer aktiven Konzentration, die von Begeisterung ausgeht.

Der Mensch auf dem geistigen Weg, auf dem Weg der inneren Gelassenheit, empfängt Konzentration wie ein wertvolles Geschenk. Wir bemühen uns, sie zu erarbeiten.

In Hermann Hesses wunderbarem Roman »Das Glasperlenspiel« findet sich eine, in sich abgeschlossene, kleine Erzählung. Sie handelt von zwei Einsiedlern, denen der Ruf vorauseilt, Trost und Hoffnung spenden zu können. Beiden kommen aber Zweifel an der eigenen Lauterkeit. Sie fühlen sich sündhaft und begeben sich, jeder für sich und ohne daß es einer vom anderen weiß, auf den Weg zum anderen, um die Beichte abzulegen. Sie treffen einander, aber erkennen sich zunächst nicht und finden kaum Trost, was sie nicht von der Mühe abhält, ihre Demut vor Gott zu vertiefen. In dieser Geschichte schildert ein Meister der Erzählkunst, daß unser Leben immer voller Spannungen und voller Zweifel bleiben wird. Hesse zeigt, daß das Streben nach innerer Einkehr nie aufhören darf und in sich selbst schon ein Gewinn ist. Wir ersehen aus dieser Geschichte, daß absolute Konzentration, die möglicherweise zum Schluß nur noch sich selbst zum Gegenstand hat, den meisten unerreichbar bleibt. Wenden wir uns deshalb wieder der erreichbaren Sammlung zu. Vor einer Gruppe von Schulungswilligen, die auf eigene Initiative in ein Weiterbildungsseminar kommen, steht der Trainer. Er beherrscht sein Thema blendend, die Rhetorik ist ausgefeilt, er sprüht von Witz und guter Laune und läßt keine Minute lang Langeweile aufkommen. Ohne Anstrengung ist es jedem der Hörer möglich, die Konzentration zu halten. Die helle Begeisterung des Referenten, seine Einstellung und sein Verhalten, ließ einen Funken überspringen. Abgesehen davon, daß sich hier wieder die Beziehung zwischen Konzentration und Begeisterung zeigt, sehen wir hier, wie wichtig eine positive Einstellung ist. Auch ein langweiliger Referent kann anstecken, er langweilt, überträgt seine negative Einstellung – die Konzentration nimmt ab. Wohlgemerkt, es geht nicht um den Inhalt des Vermittelten. Haben es nicht gerade Demagogen verstanden, Menschen aufzuwiegeln, zu beeinflussen und hinter sich zu bringen?

Sprecher, die Ärger bewußt oder unbewußt auf sich lenken, verstehen es nicht, die Aufmerksamkeit der Hörer auf das Thema zu richten. Z.B. wenn sich jemand über Lärm ärgert, der seine Konzentration stört, womit er schon seine Konzentration voll gerichtet hat: auf den Lärm, auf die Störung – also falsch gerichtet. Ein anderer kann sich nichts vom Inhalt eines Telefonates merken, das er gerade führt, weil am Nebentisch eine Unterhaltung stattfindet. Er richtet die Konzentration auf den Nebentisch (anstatt auf sein Telefongespräch) und kann hernach den Inhalt der störenden Unterhaltung voll wiedergeben.

Eile und Hast sollten Sie abbauen. Wer schnell zum Ziel will, muß langsam gehen. Wenn wir Sie auffordern, langsam zu arbeiten, wenn Sie in Zeitnot sind, läuft dies auf das gleiche hinaus wie die Behauptung über den Hastigen, daß er mit dem Hinterteil das umwerfe, was er mit den Händen erbaut hat. Kommen Sie zur Ruhe, ohne in Passivität zu geraten. Gelassenheit ist vielleicht das bessere Wort, weil in der Gelassenheit zugleich jene Bereitschaft steckt, die im Augenblick des Bedarfs handeln läßt.

Sie kennen jene Art von Gelassenheit, die Westernhelden so gut zu Gesicht steht. Kurz bevor der Held den Colt zieht und dem Bösewicht wie dem Film ein Ende bereitet, ist er betont cool. Wenn es eine derartige Gelassenheit wirklich gäbe, sollten wir sie alle anstreben. Jener Westernheld war zuversichtlich, daß er der schnellere, bessere, treffsichere Schütze sei. Auch von derartigem guten Mut bedarf der Konzentrationswillige einiges. Zuversicht ist eine gute Art, ins Leben zu schauen.

Auch unser Körper und sein Wohlbefinden wirkt auf die Konzentration ein. Wir geben dennoch keine Gymnastiklehren oder Anweisungen für Atemübungen, wenngleich es nicht schlecht für Sie wäre, sich Rat über solche Dinge aus den einschlägigen Büchern zu holen. Hier wollen wir nur besonders auf den Wert von Entspannungsmethoden hinweisen, weil sie über die körperliche Entkrampfung zu einem Zustand führen können, wie ihn die tiefe, wiederholte und länger anhaltende Konzentration verlangt. Das wohl bekannteste (und gewiß auch wirksamste) Verfahren ist das »Autogene Training« nach Prof. J. H. Schultz. Mit ihm gewinnt man durch bewußte Selbsteingebung das Gefühl für die Vorgänge im eigenen Körper zurück, welches dem streßgeplagten Zivilisationsmenschen im Laufe der Jahrzehnte oder gar Jahrhunderte verlorenging.

Die ganze Muskulatur entspannt sich. Das wiederum hat seine Rückwirkungen auf das Wohlbefinden und die seelische Haltung. Auch der Herzschlag läßt sich über Autogenes Training wohltuend beeinflussen, wie gleichermaßen der Atem reguliert wird. Im Zusammenhang mit der sich vollziehenden Beruhigung spielt auch die positive Beeinflussung des Solar-Plexus eine Rolle. Schultz weist jedoch nachdrücklich darauf hin, daß die Einübung des Autogenen Trainings unter ärztlicher Aufsicht vollzogen werden muß und warnt vor eilfertigen Selbstexperimenten. Ärztlicher Rat ist unentbehrlich, wobei zu bedenken ist, daß es noch heute viele Ärzte gibt, die sich nie eingehend mit Autogenem Training beschäftigten.

Worauf es ankommt, ist abzulassen von Krampf, Hast und Hetze. Jeder Lern- und Übungswillige in Sachen Konzentration sollte lernen, sich zu entspannen, und sich laufend um innere Ruhe zu bemühen. Geistige Leistungen dürfen nicht zu Lasten des Körpers gehen. Wer sich oft intensiv zu konzentrieren hat, braucht ebensoviel Entspannung (auch Schlaf) wie der körperlich schwer Arbeitende – vielleicht sogar noch etwas mehr, weil bekanntlich ermüdete Muskeln im Schlaf wieder regeneriert werden, während mancher noch lange wach im Bett sinniert und gar Gedanken mit in den Schlaf hinübernimmt. Es war gar nicht so dumm von unseren Vorfahren, wenn sie zwischen den Anforderungen der Tagesarbeit und der Nachtruhe das Gebet legten, und damit ihre Spannungen abgaben an eine höhere Macht.

Halten Sie es ruhig für eine Binsenweisheit, doch richten Sie sich auch nach dieser »Selbstverständlichkeit«: Ausreichende Ruhe, genügend Schlaf und Entspannung sind wesentliche Voraussetzungen für später zu vollbringende Höchstleistungen der Konzentration.

Es lohnt sich zu merken

- Gelingt es dem Menschen, Freude ohne Begierde zu haben, so ist er auf bestem Weg zur positiven Lebensschau.
- Absolute Konzentration, die ihren Gegenstand nur in sich selbst hat, ist so gut wie unerreichbar. Wenn von einer Sache selbst her oder einem anderen, der uns etwas übermitteln will, der Funke der Begeisterung überspringt, ist es fast mühelos möglich, konzentriert zu bleiben.
- Positive Emotionen halten Konzentration und regen sie immer wieder neu an.
- Fragen Sie sich, woran es liegt, daß Menschen, die behaupten, in ihrer Arbeitskonzentration häufig von außen gestört zu werden, sich hervorragend auf Störungen zu konzentrieren vermögen.
- Bauen Sie Eile und Hast ab – streben Sie Gelassenheit an.
- Religionen sind nicht so ohne weiteres auf Menschen anderer Regionen oder Lebensweisen zu übertragen. Man kann sie nicht austauschen oder durch psychologisch ausgetüftelte Erfolgssysteme ersetzen. Bemühen Sie sich, zu *Ihrer* ureigensten Lebensschau zu kommen!
- Vergessen Sie nie, daß auch das körperliche Wohlbefinden auf die Konzentration einwirkt.
- Seriöse und praktikable Entspannungsmethoden, wie z.B. das »Autogene Training« nach J. H. Schultz, verhelfen zu einem Kör-

perzustand, der Voraussetzung für länger anhaltende Konzentration ist.

- Bei der Entspannung kommt es vor allem darauf an, loszulassen und damit der Hast und Hetze unserer Tage entgegenzuwirken.
- Geistesleistungen dürfen nicht zu Lasten körperlicher Gesundheit gehen. Dauerhaft hohe geistige Leistung erfordert ausreichenden Schlaf und angemessene Entspannung zwischen den Leistungsphasen.

Teil II
Störungen ausschalten

1. Die Analyse der Störungen

Sie erleben es täglich: Störende Einflüsse von außen mindern die Konzentration und machen sie mitunter ganz unmöglich. Wenn wir störende Einflüsse nicht beseitigen können, hat es keinen Sinn, sich über die eigene Ohnmacht zu ärgern.

Es ist jedoch sehr oft der Fall, daß wir nur *glauben*, es ließe sich nichts ändern. In vielen Fällen macht man sich keine Gedanken darüber, wie Störungen zu beseitigen sind.

Nehmen Sie sich Papier, Bleistift und etwas Zeit. Schreiben Sie auf, wodurch Ihre Konzentration gestört wird. Notieren Sie alles, was Ihrer Meinung nach Konzentration mindert oder gar verhindert.

Vielleicht sieht ihre Liste so aus:

- Belästigungen durch andere
- Störungen durch Lärm
- Störungen durch beengte Verhältnisse
- Eigene Gedanken, die nicht zum Thema gehören
- Hilflosigkeit, weil etwas nicht verstanden wird
- Umständlichkeit oder Weitschweifigkeit eines Textes
- Schwierigkeiten mit formellen Dingen
- Mangelhaftes Werkzeug
- Schlechtes Material

- Körperliche Indisposition
- Allgemeine Unlustgefühle
- Innere Einstellung nicht harmonisch
- Interesse fehlt / Arbeit macht keinen Spaß
- Schwierigkeiten, die sich während der Arbeit ergeben.

Vielleicht haben Sie eine ganz andere Liste. Wenn aus der unsrigen einiges auch auf Sie zutrifft, dann ergänzen Sie Ihre Liste um unsere Beispiele. Nehmen Sie sich ruhig noch ein bißchen mehr Zeit und versuchen Sie, weiteres aufzulisten. Gehen Sie dann Ihre Liste mit dem Rotstift durch und streichen Sie das weg, was sich keinesfalls ändern läßt.

Wir wissen nicht, was Sie ankreuzen, als unabänderlich empfinden und durchstreichen haben, und wir wissen auch nichts von Ihren besonderen Störungen. Wir gehen die Liste unserer Punkte durch und bitten Sie, unsere Betrachtungen dann auf Ihre Produkte zu übertragen bzw. ähnliche Überlegungen anzustellen.

- Für die meisten gilt, daß sie häufiger von anderen belästigt werden, als ihnen lieb ist. Der Chef ruft zu einer Besprechung, Kollegen kommen vorbei, um über für sie wichtige Themen zu sprechen. Mitarbeiter fragen wegen Dingen, die sie allein entscheiden könnten. Dazu Vertreter, Besucher usw.
Machen wir uns an dieser Stelle auch Gedanken darüber, daß Störungen zuweilen ganz willkommen sind. Sie sind es besonders dann, wenn man zu der vorliegenden Arbeit keine Lust hat. Besonders jene Menschen empfinden das häufig, die, anstatt einen Beruf erwählt zu haben, einen Job oder eine Verdiensttätigkeit annahmen.

Nehmen Sie sich abermals etwas Zeit. Sie brauchen nicht zu schreiben. Gehen Sie nur in Gedanken all solche Situationen sorgfältig durch. Überlegen Sie dabei, wie viele von ihnen Sie hätten vermeiden können und welche anderen unvermeidbar sind.

Dem Chef zu sagen: »Kommen Sie bitte später wieder, ich erledige gerade eine Arbeit, die sehr hohe Konzentration verlangt« ist – trotz heftig beschworenem antiautoritären Betriebsklima und »Management by laissez-faire« – nicht immer möglich.

Verlangen Kollegen oder Besucher wegen wichtiger Anliegen oder Arbeiten unverschiebbar Ihre Aufmerksamkeit, so ist damit für dieses Mal die Störung nicht zu ändern. Für das nächste Mal auch? Wie wäre es mit festgelegten Besuchs- oder Besprechungszeiten?

Wie oft konnte eine Terminverschiebung festgelegt werden. (Kommen Sie bitte um ... wieder, dann habe ich genügend Zeit für Sie). Wie oft hätte hingegen eine Sofortentscheidung die Störungszeit auf ein Minimum reduziert?

Wie oft haben Sie selbst die Störung geradezu herbeigerufen? Wie oft wäre durch Disziplin oder gute Gewohnheit (vorab klare Anweisungen einzuholen oder zu geben z.B.) die Störung von vornherein vermeidbar gewesen?

Gewöhnen Sie Ihre Störer daran, daß Sie zu bestimmten Zeiten absolut nicht zu sprechen sind. So läßt sich die Zahl der Störungen auf ein erträgliches Maß verringern.

- Baut man in Ihrer Nähe die neue U-Bahn, liegt Ihr Büro an einem Hauptverkehrsknotenpunkt, befindet sich in der Nähe ein gut frequentierter Abenteuerspielplatz, dann gibt es nur die Flucht. Dann können Sie nur versuchen, Ihren Arbeitsplatz zu verlegen oder die Arbeit auf geräuschärmere Zeiten zu verlagern. Gelingt das nicht und helfen auch schallisolierende Maßnahmen, Doppelfenster und Ohropax nichts mehr, bleibt nur: Sich damit abzufinden.

Aber: Wenn Sie sich schon abfinden müssen – dann tun Sie es auch richtig! Sich dauernd von neuem zu ärgern leitet die Konzentration auf den Lärm. Also: Weghören statt hinzuhören.
Zu erwägen ist auch, daß mancher aus Repräsentationsgründen seinen lärmgestörten Arbeitsraum behält. Dabei wäre ein ruhiges, doch leider weniger repräsentatives Zimmer durchaus zu haben gewesen.

- Ähnliches gilt, wenn die Verhältnisse beengt sind und sich daran nichts ändern läßt.

Aber: Manchesmal genügt es, Ordnung am Arbeitsplatz zu halten und damit viel Raum zu gewinnen. Es kann auch zu mehr

Platz verhelfen. Eine neue Anordnung der Möbel und des notwendigen Zubehörs kann auch mehr Platz schaffen. Mitunter erweckt der Stuhl, der beim Zurückschieben an die Wand stößt, das Gefühl der Enge, während das auf der anderen Seite des Tisches nicht der Fall ist. Organiation kann auch im kleinsten Rahmen Nutzen bringen.

- Gedanken, die uns überfallen und nicht zum Arbeitsthema passen, sind die ärgsten Störungen bzw. Hindernisse der Konzentration. Ähnlich wie bei der Zuwendung zu störendem Lärm werden große Teile der Konzentration (wenn nicht die ganze) in falsche Bahnen gelenkt. Nicht immer weiß man, woher die Störgedanken kommen, wie sie in uns entstehen, nur selten läßt es sich vermeiden, daß sie auftreten. Sorgen Sie dafür, daß sie nicht bleiben und sich breitmachen.

Kümmern Sie sich nicht weiter um Störeinfälle, verfolgen sie keineswegs Störgedanken. Wenn Ihre spontanen Gedanken wichtig sind, die eine andere vorliegende Arbeit stören, dann machen Sie eine Notiz im Terminkalender, auf einem auffallend farbigen Zettel oder eine eigens für solche Zwecke geführte »Gedanken-Auffang-Kartei«. Modernere sprechen auf das »akustische Notizbuch«, ein Tonaufnahmegerät. Richten Sie nach der Notiz sofort alle Gedanken wieder auf die gestörte Arbeit. Das Ganze ist eine Sache der Übung – oder sagen wir ruhig: der Selbstdisziplin.

- Wenn Sie etwas nicht verstehen, fragen Sie sich: Reichen meine Kenntnisse nicht aus, fehlen mir Informationen? Wenn ja, kann es ohne solche Informationen nicht konzentriert weitergehen.

Aber: Wenn eher Oberflächlichkeit der Grund ist: na ja, Sie wissen wohl, was dann zu tun ist. Vielleicht haben Sie einem alten Grundsatz nicht geglaubt, wonach man die Finger von Dingen lassen sollte, die man nicht versteht. Auch das kann Konzentration fördern: Sich Rat zu holen bei Leuten, die es wissen müssen.

Mangelndes Verständnis kann auch an mangelhafter oder unsachlicher Darstellung des Stoffes liegen. Ihre Arbeitsunterlagen sind unvollständig oder voller Fehler. Also beschaffen Sie sich andere.

Vielleicht sollten Sie Kenntnisse nachholen? Störungen durch Unverständnis sind Aufforderungen zum Lernen. Ohne ausreichende Rechenkenntnisse sind keine Mathematikaufgaben zu lösen. Wer keine Fremdsprache beherrscht, dem ist es unmöglich, darin Unterhaltungen zu führen.

- Ist ein Text langatmig, weitschweifig, oder – wie man höflich sagt – redundant, so schweifen die Gedanken bald ab. Es ist aber ein Irrtum zu glauben, daß man gegen den Überfluß von Wörtern in geschriebenen oder gesprochenen Texten nichts machen kann. Weitschweifigkeit in Lesetexten begegnet man am besten mit der Technik des »Rationellen Lesens« (Von unserem Verfassser gibt es mehrere Bücher und einen Fernlehrgang zu diesem Thema). Dabei geht es darum, die Texte mit großzügigen, aber ruhigen Augenbewegungen abzutasten und dabei den Augenmerk nur auf die aussagekräftigen Wörter zu legen. Natürlich kann auch eine Vorauswahl des Stoffes helfen (man liest einfach nichts, was es nicht wert ist). Schließlich kann man mit sogenanntem »Selektiven Lesen« während des normalen Lesevorgangs bewußt auswählen, an welchen Stellen man nachdenkend verbleiben sollte und welche anderen zu überfliegen sind. Auch der Weitschweifigkeiten beim gesprochenen Wort kann man Herr werden. Z.B. indem man den Vortragenden sofort fragt, was er genau meint. Auch sorgfältige Vorbereitung auf einen Vortrag hilft. Man kann laufend (beim späteren Hinhören) vergleichen und bewerten und in nichtssagenden Passagen die eigenen Gedanken weiterführen.

- Mangelhaftes Werkzeug und schlechtes Material sollten Sie nicht verwenden. Das gilt besonders dann, wenn der Stoff bzw. die Arbeit schon von ihrem Inhalt her anspruchsvoll sind. Nehmen wir aber an, es geht nicht anders: Es ist kein besseres Werkzeug oder Material zur Hand und die Arbeit muß dennoch jetzt erledigt werden. Dann kann bewußte Aufmerksamkeit in Verbindung mit der Kenntnis immer noch helfen, gerade wenn man die Werkzeug- oder Materialmängeln kennt. Schließlich ist der Meister nicht derjenige, der das Werkzeug und Material hat, sondern der mit Werkzeug und Werkstoffen umzugehen weiß. Dennoch: Gerade dem Meister sollte nur das beste gut genug sein.

- Körperliche Indisposition und Unlustgefühle werden oft verwechselt. Etwas macht keinen Spaß – und schon schiebt der Betroffene eine Krankheit oder ein Unwohlsein vor. Ist eine Krankheit im Anmarsch, dann braucht derjenige, den sie befällt, vielleicht alle Kräfte (auch die der Konzentration), um sich zu schützen oder zu kurieren. Denn mit Gewalt weiter zu arbeiten bringt kaum befriedigende Arbeitsergebnisse. Es dauert dann auch viel länger, bis man gesund wird. Doch immer ehrlich gegen sich sein: Gegen Unlust hilft Selbstdisziplin.

- Der Mensch, der durch eine falsche innere Einstellung nicht in Harmonie mit sich selbst lebt, braucht nicht Konzentrationsübungen, sondern andere Hilfsmittel. Hier können wir nur die früher gemachten Ratschläge in bezug auf »Spaß an der Arbeit« wiederholen. Darüber hinaus wäre zu überlegen, ob nicht die Lektüre eines der heute weit verbreitenden Lebenshilfebücher weiterhelfen kann oder der Besuch eines Kurses anzuraten ist. (So gibt es z.B. in nahezu allen großen Städten die seit Jahrzehnten bewährten »Dale-Carnegie-Kurse«.)

- Über Interesse und Spaß (bzw. den Mangel daran) sei ebenfalls auf die bisherigen Betrachtungen verwiesen.

- Schwierigkeiten, die sich während der Arbeit ergeben, können auch die Konzentration mindern. Aber seltsam: Je höher die Konzentration anfangs eingestellt ist, desto weniger Schwierigkeiten treten auf und desto weniger merkt man, daß etwas »schwierig« ist.
Andererseits ist zu bedenken, daß unerwartete Schwierigkeiten oft nur ein Zeichen schlechter Planung oder Vorbereitung sind. Mitunter hat sich einer auch zu viel zugemutet. Streng genommen handelt es sich dann nicht um Konzentrationsschwierigkeiten. Es gilt nachzulernen, sich die Voraussetzungen zu schaffen, die nun einmal jede Arbeit stellt.

Ratschlagsliste »Störungen ausschalten«

- Gewöhnen Sie es sich an, wiederkehrende wichtige Arbeiten zu gleichen Zeiten durchzuführen.

- Finden Sie sich damit ab, wenn sich Störungen nicht abstellen lassen. Ärgern Sie sich keinesfalls immer wieder von neuem darüber.

- Gehen Sie spontanen Gedanken nicht nach. Schenken Sie solchen »Einflüssen« keinerlei Beachtung. Andernfalls lenken Sie Ihre Konzentration in falsche Bahnen.

- Sorgen Sie dafür, daß Sie vollständige und fehlerfreie Arbeitsunterlagen haben. Verbessern Sie auch Ihre Fachkenntnisse.

- Mit Methoden wie »Rationelles Lesen« und »Aktives Hören« kann der Weitschweifigkeit (Redundanz) entgegengewirkt werden.

- Versuchen Sie, Ihre Umgebung optimal arbeitsgerecht zu gestalten. Haben Sie keinen Einfluß, dann finden Sie sich damit ab.

- Legen Sie sich beste Werkzeuge zu und drängen Sie darauf, daß nur das zweckmäßigste Material verwendet wird. Tun Sie mehr für Ihre Gesundheit – dann werden Sie weniger oft indisponiert sein.

- Teilen Sie Ihre Arbeitszeit richtig ein.

- Bemühen Sie sich um eine harmonische Einstellung zu Ihrer Arbeit, wie überhaupt zu Ihrem ganzen Leben.

- Bauen Sie für alles, was Sie zu tun haben, besonders aber für wichtige Arbeiten, ein starkes Interesse auf.

2. Allgemeine Konzentrationshindernisse

Verweilen wir noch etwas bei den Störungen, die wir auch als allgemeine Konzentrationshindernisse bezeichnen. Je genauer Sie für sich persönlich wissen, welche besonderen Hindernisse Ihnen im Wege stehen, desto besser und schneller können Sie solche Hindernisse beseitigen. Die Mühe lohnt sich, noch einmal Papier und Bleistift zu nehmen und aufzuschreiben, welche besonderen Konzentrationshindernisse Ihnen im Wege stehen. Es macht nichts, wenn Sie dabei Punkte aufführen, die Sie schon bei dem ähnlichen Versuch im vorigen Kapitel notierten.

Vielleicht haben Sie die nachfolgenden Punkte aufgeführt:

- Das Telefon klingelt
  (es ist wichtig – nicht so wichtig – gar nicht für Sie bestimmt)
- Jemand bittet Sie um ein Gespräch
  (Chef – Gleichrangige – Mitarbeiter anderer Ränge – Besucher – Vertreter – Lieferanten – Bekannte – Familienangehörige)
- »Man« kommt ungerufen zu Ihnen
  (die gleichen wir vorgenannt)
- Besonderer Lärm stört
  (Busstelle – Straßenverkehr – Flugzeuge – Radio / TV – Büro – oder andere Maschinen – Gespräche am Nebentisch – Kinder)
- Es überfällt Sie die Angst, etwas zu vergessen
  (Termine – wichtige Besorgungen / Erledigungen)

- Zeitdruck lastet auf Ihnen
  (Zuviel Arbeit – zuviel Durcheinander – Streß)
- Wartezeiten
  (Gedanken verlieren sich)
- Sie versuchen mehrerlei zu gleicher Zeit zu tun
  (Lesen beim Telefonieren / Gespräche und gleichzeitiges Durch-
  sehen der Korrespondenz)
- Ihre Gedanken springen
  (nicht zur vorliegenden Arbeit gehörende Dinge treten in Ihr
  Bewußtsein)
- Es fehlen die Grundlagen, eine Arbeit zu verrichten
  (Kenntnisse oder Fertigkeiten reichen nicht aus / wichtige Infor-
  mationen fehlen / Werkzeuge fehlen oder sind mangelhaft – un-
  zweckmäßig)
- Die Arbeit nimmt eine unerwartete Wende
  (Aufgaben oder Aufträge ändern sich / Man hat die Dinge vor
  Arbeitsbeginn anders gesehen)
- Die Kraft reicht nicht aus
  (Sie hatten sich zu viel zugemutet / Sie wußten nicht, was alles
  mit der Arbeit verbunden ist – auf Sie zukommen würde / Sie
  werden müde oder fühlen sich nicht gut)
- Die Bedingungen ändern sich
  (z.B. verändertes Wetter beim Autofahren / Sie müssen die Arbeit
  in einem anderen, möglicherweise (fremden) Raum vornehmen)

Wenn Sie derartiges vielleicht auch nicht notierten, haben Sie's
gewiß schon erlebt. Gehen Sie jetzt nochmals Ihre und unsere Ta-
belle durch und überlegen Sie sich, was Sie früher in solchen Situationen taten.
Sie könnten oder sollten sich folgendermaßen verhalten:

- Wenn das Telefon klingelt
  - Wichtiges sofort kurz, knapp, präzise zu erledigen versuchen.
  - Unwichtige Gespräche gar nicht erst aufkommen lassen. Das
    gilt auch für das »im Moment« Unwichtige. Bieten Sie einen
    Rückruf an.
  - Wenn es nicht für Sie war, unterdrücken Sie die Neugier.
  - Leiten Sie das Gespräch sofort an den weiter, der zuständig ist.

- Wenn man Sie um ein Gespräch bittet
  - Stellen Sie erst selbst fest, wann Sie der Bitte folgen wollen.
  - Machen Sie sofort einen (wiederum Ihnen genehmen) Termin fest.
  - Erwägen Sie auch zu delegieren – verweisen Sie an jemand, der das Verlangte auch (vielleicht sogar besser) erledigen kann.
- Wenn jemand ungebeten ins Zimmer tritt
  - Fragen Sie kurz nach den Wünschen
    Sofort erledigen, wenn dies mit geringem Zeitaufwand möglich ist / die Störung wird dann kürzer.
  - In anderen Fällen: Termin vereinbaren, Besucher verabschieden.
  - Noch besser ist die Vorbeugungsmaßnahme: Besucher an feste Sprechzeiten und Nichtsprechzeiten gewöhnen.
- Wenn besonderer Lärm stört
  - Finden Sie sich damit ab – wenn unvermeidbar und die Ursachen nicht abzustellen sind.
  - Bewußt »weghören« – keine Gedanken auf den Lärm richten, nicht schimpfen.
  - Intensiver arbeiten (nicht die Ohren zum Nachbartisch schikken), dann nehmen Sie Lärm weniger wahr.
- Wenn etwas vergessen werden könnte
  - Vorbeugende Maßnahmen: Gedächtnis- und Konzentrationstraining.
  - Mit Notizen (auf besonders augenfälligen – z.B. farbigen – Zetteln), Terminkalendern, Zeitplänen arbeiten.
  - Eine kleine Terminkartei einrichten.
- Wenn der Zeitdruck lastet
  - Zeit einteilen hilft Zeit einsparen – also planen Sie Ihre Zeit.
  - Nicht mehr Arbeit annehmen, als zu bewältigen ist.
  - Besonders sorgfältig arbeiten. Hast führt zu Fehlern, die dann mit viel Zeit beseitigt werden müssen.
- Bei Wartezeiten
  - Nutzen Sie diese für Übungen (z.B. konzentrationsfördernde Beobachtungsübungen).
  - Halten Sie immer ein informatives Taschenbuch parat, um Ihren Wissensstand laufend up to date zu halten.

- Nutzen Sie leere Zeit für bewußte Entspannung; Übungen zur Muskellockerung, Atemübungen.
- Wenn mehreres gleichzeitig getan werden soll
  - Wehren Sie sich! Jede Arbeit erfordert alle Gedanken (das ist ja gerade Konzentration), deshalb immer eines nach dem anderen.
  - Möglichst für jede Arbeit einen Abschluß anstreben.
- Bei manuellen Routinearbeiten können freie Gedanken durch sehr sanfte Hintergrundmusik aufgefangen werden.
- Wenn die Gedanken springen wollen
  - Lassen Sie sie springen – Störgedanken auf keinen Fall nachgrübeln.
  - Bei jeder Tätigkeit möglichst viele Sinne einsetzen, dann springen Ihre Gedanken weniger.
  - Sorgfalt bei der Arbeit mindert ebenfalls Gedankensprünge.
- Wenn die Grundlagen fehlen
  - Kenntnisse und Fertigkeiten nachholen und möglichst vervollkommen.
  - Nur bestes und gepflegtes Werkzeug erlaubt mühelos höchste Konzentration – beschaffen Sie es sich.
  - Laufend neue Informationsquellen erschließen. Dann sind Fakten im Bedarfsfall schnell zur Hand.
- Wenn die Arbeit eine unerwartete Wende nimmt
  - Dann ist man erst gestört – und muß sich damit abfinden.
  - Konzentrieren Sie sich auf die neuen Gegebenheiten.
  - Keinesfalls trauernde Gedanken auf die zuvor herrschenden Zustände richten.
- Wenn die Kraft nicht ausreicht
  - Macht sich das erst deutlich bemerkbar, helfen nur Pausen, Erholung und Entspannung.
  - Trainieren Sie sich darin, mit Ihren Kräften hauszuhalten.
  - Teilen Sie von vornherein Ihre Arbeiten so ein, daß Arbeitszeiten und Pausen sich konzentrationsgerecht abwechseln.
- Wenn sich Bedingungen ändern
  - Sofort mit erhöhter Beobachtungsschärfe arbeiten
  - Zunächst zwar das Arbeitstempo drosseln – jedoch kontinuierlich weiterzugehen versuchen.
  - Besondere Sorgfalt und Aufmerksamkeit einsetzen.

Merken Sie sich aus diesem Kapitel

- Jedes gedankliche Verweilen bei unnötigen oder unwichtigen Dingen lenkt Sie vom Gegenstand Ihrer Konzentration ab.

- Wenn Sie mit »Störenden« gleich einen anderen Termin ausmachen, dann werden Ihre Gedanken nur kurz von Ihrer Arbeit abgelenkt. Sie werden dann auch frei von der Angst, das, was sie vorher taten, zu vergessen.

- Feste »Sprech- und Nichtsprechzeiten« gewöhnen Ihre Störer, aber auch Ihr eigenes Interesse daran, Sie in Ruhe arbeiten zu lassen.

- Von Störungen sollte man weghören, keinesfalls über sie schimpfen – anderenfalls schenkt man gerade der Störung seine Aufmerksamkeit und Konzentration.

- Benutzen Sie erprobte Hilfsmittel, wie auffällige Notizzettel, Terminkalender und moderne technische Geräte (akustische Notizbücher, Computer).

- Hast führt zur Oberflächlichkeit – dem Gegenteil der Konzentration. Fehler und schlechte Arbeitsergebnisse sind die Folge. Die Zeit, die der Hastige braucht, um Fehler zu berichtigen, übersteigt fast immer die, die durch Hast gewonnen werden sollte.

- Nutzen Sie kürzere und längere Wartezeiten. Etwa durch Beobachtungsübungen oder Kopfrechnen. Von großem Nutzen sind auch Entspannungs- und Atemübungen.

- Es geht wohl nicht immer, doch versuchen sollten Sie es: Die vorliegende Arbeit abschließen, bevor Sie eine neue beginnen. Das Pendeln zwischen verschiedenen Arbeiten erfordert immer wieder neue Anlaufzeiten für die Konzentration.

- Höhere Sorgfalt ist mit größerer Aufmerksamkeit und diese mit erhöhter Beobachtung verbunden. Daraus ergibt sich wie von selbst stärkere Konzentration.

- Erschließen Sie sich viele Informationsquellen und merken Sie sich, wie Sie bei Bedarf aus ihnen schöpfen können. Dann brauchen Sie nicht mehr jede Kleinigkeit im Kopf zu haben.

- Ununterbrochen kann niemand arbeiten. Höchstkonzentration den ganzen Tag lang zu halten ist nicht möglich. Planen Sie Pausen derart, daß die einzelnen Konzentrationsphasen überschaubar sind. Dann läßt sich Konzentration auch halten. Pausen sind zur Sammlung der Kräfte unentbehrlich.

- So wie man in ungewohnten Verkehrssituationen, beispielsweise in einer fremden Stadt, langsamer fährt, um sicherer zu sein, sollte man auch bei neuen Arbeitssituationen versuchen, bewußt ruhiger zu arbeiten. Gewinnen Sie erst wieder die alte Sicherheit in der neuen Situation, dann stellt sich auch bald das alte Arbeitstempo wieder ein.

Arbeiten Sie jedoch immer kontinuierlich, also gleichmäßig weiter, damit Ihr Arbeitsfluß nicht ins Stocken gerät.

3. Die innere Einstellung dessen, der sich konzentrieren muß

Unsere bisherigen Ausführungen sollten Ihnen gezeigt haben, daß die richtige innere Einstellung für die Konzentration wichtiger ist als die Beseitigung von Störungen. Das gilt schon deshalb, weil es immer wieder Störungen gibt, die sich nicht vermeiden oder abstellen lassen. Die persönliche Einstellung dagegen ist immer eine Sache des Konzentrierenden selbst. Leider genügt Einsicht allein nicht. Besonders dann nicht, wenn sie nicht tief verwurzelt ist. Mitunter ist sich der Betroffene auch gar nicht über falsche und konzentrationsmindernde Einstellungen bewußt. Wir führen Ihnen zunächst eine Reihe von Einstellungen auf, die nachweislich auf die Konzentration einwirken:

- Der Mensch stellt sich vor, wie sich etwas entwickelt: ein Handlungsablauf und das Ergebnis.
- Gefühle oder Empfindungen, wie beispielsweise Zuneigung oder Abneigung, Freude am Tun oder Verärgerung; Zustimmung zu Notwendigem oder Verstimmung über das, was zu erledigen ist.
- Vorfreude oder Angst vor dem, was kommen könnte.
- Unbefriedigtsein – offene Bedürfnisse.
- Irrtümer, die falsches Denken bewirken.
- Zuversicht oder Mangel daran.
- Geringschätzung von Schwierigkeiten, Überheblichkeit oder gesundes Selbstvertrauen.
- Starke oder zu schwache Anteilnahme – Man ist bei der Sache oder hat zu großen Abstand.

- Allgemeine Lebensfreude – allgemeine Sorgen
- Ruhe versus Nervosität und Sprunghaftigkeit.
- Strenge Beschränkung oder alles (zu viel) auf einmal tun wollen.

Bevor Sie weiterlesen, sollten Sie sich wieder etwas Zeit nehmen und unsere Liste sorgfältig durchdenken.

Überlegen Sie, auf welche Weise die vorgenannten Einstellungen wirken können und wie weit Sie betroffen sind.

Wir stellen Ihnen anschließend eine Reihe von Behauptungen auf, kreuzen Sie jeweils daneben an, ob richtig oder falsch.

	richtig	falsch
1. Sie stellen sich deutlich vor, wie eine Reihe folgerichtiger Handlungen Sie zu einem Ziel bringt. Das fördert die Konzentration.	____	____
2. Sie empfinden Stolz, weil Ihnen eine wichtige Aufgabe übertragen wurde. Das fördert Ihre Konzentration.	____	____
3. Sie erzürnen sich über Störungen. Das mindert die Konzentration.	____	____
4. Sie freuen sich schon den ganzen Tag auf einen Theaterbesuch am Abend. Das fördert die Konzentration auf die Tagesarbeit.	____	____
5. Ihr Einkommen entspricht (Ihrer Meinung nach) nicht ihren Leistungen. Sie werden sich besser konzentrieren.	____	____
6. Sie glauben (irrtümlicherweise), daß Sie richtig arbeiten. Der Irrtum wird aufgeklärt. Von dann ab konzentrieren Sie sich besser.	____	____
7. Sie meinen, eine Aufgabe nicht lösen zu können und werden mutlos. Ihre Konzentration fällt stark ab.	____	____
8. Sie glauben, eine Aufgabe bewältigen zu können und stoßen – ohne es zu merken – auf Schwierigkeiten. Die Konzentration steigt.	____	____

9. Sie distanzieren sich von einer Aufgabe, weil
   Sie glauben, sie sei unter Ihrer Würde.
   Sie arbeiten dann mit hoher Konzentration. ____ ____

10. Private Sorgen oder Kummer gehen Ihnen
    durch den Kopf.
    Die Konzentration ist sehr gering. ____ ____

11. Arbeitsüberlastung hat Sie nervös gemacht. Sie
    wissen nicht mehr, was Sie zuerst tun sollen.
    Ihre Konzentration sinkt. ____ ____

12. Sie sind stolz, eine wichtige Person zu sein. Viel
    Arbeit fördert Ihr Selbstbewußtsein. Sie fangen
    vielerlei an.
    Ihre Konzentration ist auf voller Höhe. ____ ____

Richtig anzukreuzen war bei: 1 – 2 – 3 – 6 – 7 – 10 – 11
Falsch demnach: 4 – 5 – 8 – 9 – 12

Wenn alle Kreuze, die Sie machten, dort stehen, wo sie hingehö-
ren, dann werden Sie sich gewiß schon um eine konzentrationsge-
rechte Einstellung bemühen.
Halten Sie auf alle Fälle fest:

- Wer sich deutlich vorstellt, wie er durch zielgerechte Handlungen eine Aufgabe löst, ist schon auf dem besten Wege zu guter
  Konzentration.

- Wer sich berechtigterweise zutraut, eine Aufgabe lösen zu können, fördert sein Konzentrationsvermögen.

- Ärger, Zorn, Verstimmungen mindern immer die Konzentration
  – und zwar auf Dauer betrachtet, selbst dann, wenn in Phasen
  namens »dem-will-ich-es-aber-mal-zeigen« zwischendurch
  kleine Konzentrationshöhen erreicht werden.

- Auch Vorfreude lenkt die Gedanken von der Arbeit weg. Als
  Grundstimmung ist sie durchaus positiv zu bewerten, doch darf
  sie bei der Arbeit nicht die Gedanken gefangen nehmen.

- Wer unbefriedigt ist, wird auf diesen Zustand viele Gedanken
  richten. Diese fehlen dann bei der Arbeit. Wenn man die Gedanken auf die Tätigkeit umschaltet, kann man dadurch Konzentra-

tion, Arbeitsergebnis und Zufriedenheit erhöhen bzw. verbessern.

- Irrtümer, wenn unerkannt, brauchen zunächst die Konzentration nicht zu mindern. Wenn sie erkannt werden, kann die Konzentration zunächst stark abfallen. Bemüht man sich dann aber, es »richtig zu machen«, erhöht das die Konzentration wieder.
- Mutlosigkeit erschwert Konzentration.
- Überheblichkeit setzt über kurz oder lang die Konzentration herab, weil der Überhebliche glaubt, es sei nicht nötig, besonders aufmerksam zu sein.
- Wer sich von seiner Arbeit distanziert, behindert seine Konzentration.
- Sorgen ziehen zu viele Gedanken auf sich, mindern also die Konzentration.
- Nervosität läßt Ziele und Arbeitsnotwendigkeiten vor den Augen verschwimmen – die Konzentration leidet.
- Stolz und Freude können Konzentration fördern, sie dürfen aber nicht dazu führen, daß zu viel begonnen wird, denn das würde die Konzentration aufsplitten.

Ein paar Beispiele, verbunden mit kleinen Denkaufgaben, sollen Ihnen helfen, die richtige Einstellung für sich zu finden:

- Herr Brummer soll eine wichtige Verhandlung führen. Phantasievoll versetzt er sich im voraus in die Verhandlungssituation und spielt in Gedanken durch, wie er eröffnen wird, wie er es anstellt, gegnerische Argumente zu widerlegen, wie er Gesprächsstokkungen beseitigt und sich beharrlich darum bemüht, die Verhandlung zu einem guten Abschluß zu bringen.
  Überlegen Sie bitte, was Herrn Brummer solche »phantasievollen Vorstellungen« einbringen.
- Fräulein Schwerdtfeger ist stolz darauf, an einem außerbetrieblichen Weiterbildungskurs teilnehmen zu dürfen.
  Wird ihr dieser Stolz irgendwann etwas nützen?
- Herr Brambach gerät in hellen Zorn über tölpelhaftes Fahrverhalten anderer Verkehrsteilnehmer.
  Wie wir sich das auf sein eigenes Fahrverhalten auswirken?

Herr Brummer wird sich bestimmt in der eigentlichen Verhandlung bemühen, die vorher gedanklich festgelegte Linie zu verfolgen. Er ist dann besser konzentriert.

Fräulein Schwerdtfeger wird sehr wahrscheinlich aus ihrer Haltung heraus intensiver und damit konzentrierter im Weiterbildungskurs mitarbeiten.

Herr Brambach wird sich möglicherweise so stark in Gedanken mit dem Verkehrsrowdy befassen, daß sein eigenes Fahrverhalten (seine Konzentration) darunter leidet.

Setzen wir das Spiel noch ein wenig fort:

- Mitarbeiterin Fräulein Nolte fährt morgen in Urlaub.
  In Gedanken packt sie schon während der Arbeit die Koffer.
- Buchhalter Kunz kommt seit Wochen nicht zur computerunterstützten Neuorganisation seiner Abteilung, weil (wie er meint) von ihm zunächst noch etliche Routinearbeiten zu erledigen sind.
  Wie wird er die Arbeiten erledigen?
- Frau Kraus, eine Verkäuferin, arbeitet irrtümlicherweise mit dejustierter Waage. Auf den Irrtum aufmerksam gemacht, denkt sie erschrocken daran, wie oft sie nun wohl schon falsches Gewicht ausgegeben haben mag.
  Wie wirkt sich ihr Denken aus?

Da Fräulein Noltes Gedanken nicht bei der Arbeit sind, wird diese dementsprechend ausfallen.

Herr Kunze wird wahrscheinlich die Routinearbeiten mit halbem Herzen und halber Konzentration ausführen. Besser wäre es, wenn er durch erhöhte Konzentratoin die Routinearbeiten erledigte (er sollte auch daran denken, daß es Mitarbeiter gar nicht so gern haben, wenn der Chef glaubt, alles allein machen zu müssen).

Frau Kraus wird wahrscheinlich viel sorgfältiger wiegen, doch werden die Gedanken an frühere Fehler einen großen Teil der Konzentration ablenken.

Drei weitere kleine »Fälle«:

- In der Turnstunde soll Rolf über den Kasten springen. »Schaffe ich nie...« sagt er zu sich – und fällt auch prompt auf die Nase, weil...

- »Ist doch superleicht!« sagt sein Freund Peter – springt – und fällt auch auf die Nase. Warum?
- Gerda Herwich findet es als technische Zeichnerin unter ihrer Würde, eine Woche in der Lichtpauserei auszuhelfen. Sie muß es aber tun und...

Mangelndes Selbstvertrauen läßt in Rolf nicht die Konzentration aufkommen, die nötig wäre, um leicht über den Kasten zu kommen.

Peter nimmt die Sache zu leicht und konzentriert sich aus diesem Grund nicht ausreichend.

Gerda Herwich wird die Arbeit lieblos, distanziert, ohne rechte Konzentration ausführen.

Nehmen wir noch drei abschließende kleine Beispiele:

- Herr und Frau Erhard, jung verheiratet, richten sich soeben eine Wohnung ein. Sie müssen einen Kredit aufnehmen, obgleich noch Raten für das Auto laufen. Das Geld reicht nicht. Herr Erhard nimmt für den Abend einen zusätzlichen Job an. Wie wird sich das auf seine Tagesarbeit auswirken?
- Frau Brink hat viel am Hals. Eine Halbtagsbeschäftigung, dazu einen Haushalt mit drei Kindern und einer zu versorgenden kranken Mutter. Die Sorgen wachsen ihr über den Kopf. Ob sie sich gut konzentrieren kann?
- Herr Dressler ist ein richtiger »Hans-Dampf in allen Gassen«. Zahlreiche Ehrenämter in Vereinen. Hobbys hat er vom Briefmarkensammler bis zur Kellerwerkstatt eine ganze Palette. Beruflich vertritt er mehrere Firmen. Unter welchen Voraussetzungen wird er sich gut konzentrieren?

Herr Erhard könnte aus seiner Lage heraus zu der Einstellung kommen: Gute Arbeit bringt am schnellsten weiter – dann wird er sich auch gut konzentrieren. Es könnte ihm aber alles über den Kopf wachsen und dann geht seine Konzentration verloren.

Frau Brink wird wahrscheinlich an starken Konzentrationsstörungen leiden.

Herr Dressler wird sich nur dann gut konzentrieren können, wenn er der jeweils vorliegenden Tätigkeit seine volle Aufmerksamkeit zuwendet und nicht an all die anderen Dinge denkt. Anderenfalls wird er sich verzetteln.

Und hier sind wieder einige gute Tips

- Geben Sie sich positive Suggestionen, denn sie fördern die Konzentration!
- Zuneigung zur eigenen Arbeit oder der jeweiligen Arbeitssituation fördert die Konzentration.
- Ärger, Zorn, Abneigung, Verstimmungen hingegen mindern die Konzentration und sind zu vermeiden.
- Nicht übersehen: Auch Vorfreude kann die Arbeitskonzentration beeinträchtigen.
- Bleiben Bedürfnisse unbefriedigt, so mindert das die Konzentration.
- Unbemerkte Irrtümer stören die Konzentration nicht. Doch wenn aus ihnen eine falsche Haltung erwächst, verschlechtern sie das Arbeitsergebnis.
- Zuversicht und Selbstvertrauen ist laufend zu fördern, weil Mutlosigkeit die Konzentration schwächt.
- Unterschätzung von Schwierigkeiten kann zur Überheblichkeit führen und die Konzentration negativ beeinflussen.
- Wer zu großen Abstand von seiner Arbeit hält, wird sich nicht sonderlich konzentrieren.
- Sorgen und Kummer setzen die Konzentration herab. Deshalb fort mit ihnen!
- Das gleiche gilt für Nervosität und Sprunghaftigkeit.
- Nicht alles auf einmal tun wollen – sondern eines nach dem anderen.

4. Empfindungen, Wahrnehmungen und Bewußtsein

Wahrnehmungen und Empfindungen gehören eng zusammen und überlagern einander zum Teil im Bewußtsein. Zu einem anderen Teil spielen sich in unserem Inneren Vorgänge ab, ohne daß wir ihrer recht bewußt werden. Z.B. sehen Sie schon von weitem einen Bekannten. Dabei empfinden Sie Freude oder auch Verärgerung, je nach Sympathie oder Ihren Beziehungen zueinander.

Wir vernehmen ein lautes Geräusch, zugleich überfällt uns Angst oder Schrecken. Sie nehmen in der Küche gute Gerüche wahr und schon schwimmen Sie in Vorfreude auf die gute Mahlzeit. Vielleicht wird Ihnen zugleich ein Hungergefühl bewußt.

Wahrnehmungen und Empfindungen, physiologisches und psychologisches Geschehen in uns gehören zu einem Ganzen, innerhalb dessen auch die Konzentration ihren Platz hat. Konzentration ist Richten oder Sammlung der Gedanken. Die Gedanken selbst werden durch die Wahrnehmungen angeregt oder entspringen Empfindungen (Gefühlen). Es kommt für die Konzentration darauf an, sich sowohl der Wahrnehmungen als auch der Empfindungen bewußter zu werden. Derartiges Bewußtwerden heißt einerseits intensiver leben, sich und die Umwelt denkend zu erleben und damit mehr vom Leben zu haben. Andererseits kann über ein solches Bewußtsein der gesamte Sinnesapparat dazu erzogen werden, gewohnheitsgemäß besser zu beobachten. Das aber muß sich, wie wir früher mehrfach ausführten, für die Verbesserung der Konzentration auszahlen. In einem Werk der Psychologie findet sich der Satz: Geist bedarf weder Gesundheit noch körperlicher Leistung, aber er bedarf des Bewußtseins.

Es geht uns ja um die Verbesserung der Konzentration. Zu ihr gehört es, bewußter wahrzunehmen, bewußter zu empfinden, bewußter zu denken, bewußter zu leben.

Wenngleich viele Handgriffe und Denkakte soweit in das Unterbewußtsein abzusenken sind, daß sie ohne Gewaltanstrengungen, als gute Gewohnheiten, aus uns heraus wirken, so muß doch bewußteres Tun und Denken als regelmäßig einzusetzendes Trainingsmittel angesehen werden. Wahrnehmungen lassen sich schulen und verbessern, Empfindungen können stimuliert und positiviert werden. – Beides gehört zur Konzentrationsschulung.

Versuch:

- Nehmen Sie eine illustrierte Zeitschrift zur Hand!
- Wählen Sie einen bebilderten Artikel aus (nicht länger als zwei, nicht kürzer als eine Seite).
- Das Thema sollte Sie interessieren.
- Lesen Sie den Text in Ruhe durch.
- Wenn Sie wollen, lesen Sie nochmals.
- Schauen Sie sich die Bilder aufmerksam an.
- Beobachten Sie voller Sorgfalt, was ausgesagt und abgebildet ist.
- Überlegen Sie, was es besonders zu beachten gilt.
- Dann legen Sie den Artikel zur Seite.
- Schreiben Sie in Stichwörtern nieder, was Sie alles gelesen oder gesehen (wahrgenommen) haben.
- Notieren Sie auch Empfindungen – was Sie an den Aussagen berührt.

Wir wissen zwar nicht, welche Art von Artikel Sie sich aussuchten, aber wir wissen, was sich allgemein beobachen läßt.

Versuchen Sie nun bitte – ohne nochmals in Ihren Illustrierten-Artikel hineinzuschauen – folgende Fragen zu beantworten:

- Wie viele Bilder sind beigegeben?
- Welche Größe (schätzen) haben die Bilder?
- Welche Form haben die Bilder?

- Was ist auf den Bildern dargestellt?
- Worum geht es überhaupt in dem Artikel?
- Zu welcher Zeit spielt die Handlung (Zeitalter, Jahr, Datum, Tageszeit)?
- An welchem Ort spielt die Handlung?
- Beschreiben Sie die örtlichen Verhältnisse näher (Land, Ort, Lage, Ausstattung, Besonderheiten)!
- Welche näheren Umstände sind von Bedeutung?
- Welche Ursachen (Vorausgegangenes) und welche Weiterungen (Folgeerscheinungen) sind genannt?
- Welche Gegensätze sind zu erkennen bzw. wurden besprochen?
- Wo ergeben sich Berührungen zu anderen Ereignissen?
- Wie weit ist die Schilderung mit anderen Berichten identisch?
- Handelt es sich um Zwangsfolgen, um ein logisches Geschehen?
- Bedient sich der Bericht einer ausdrucksvollen Sprache?
- Wie sind Druck und Satz beschaffen?
- Sind Anordnungen von Bild und Text gelungen – optisch beeindruckend?

Können Sie auf alle Fragen – soweit sie sich überhaupt beantworten lassen – befriedigende Antworten geben?

Wenn nicht, ist es notwendig, die Wahrnehmungen zu schulen. Worauf Sie dabei besonders achten müssen, sagt Ihnen die Fragenreihe schon selbst.

———————

Nunmehr aber zu Ihren Empfindungen bei der Lektüre und der Betrachtung der Bilder des gewählten Artikels:

Was haben Sie empfunden?

- Freude oder Spaß an der Geschichte?
- Freude an der Art der Darstellung?
- Gedämpfte Heiterkeit?
- Ärger oder gar Zorn?
- Unmut oder Unwillen?
- Nichts – Gleichgültigkeit?
- Schmerz oder Leid?

- Betroffenheit – Schrecken?
- Zustimmung (gleiche Meinung)?
- Ablehnung (andere Meinung)?
- Hochachtung?
- Geringschätzung?
- Angst oder Grauen?
- Ekel bis Abscheu?
- Begeisterung bis Rausch?
- Langeweile?
- Anregung (der Sie folgen werden)?
- Was sonst noch?

Je mehr oder je tiefer Sie empfanden, desto intensiver waren Sie bei der Sache, desto konzentrierter werden Sie gelesen haben. Also nehmen Sie – auf welche Weise auch immer – starken Anteil an dem, was Ihre Gedanken beschäftigt.

Um die Wahrnehmungen beim Sehen zu verbessern, sorgfältiger zu beobachten und sich damit konzentrieren zu lernen achten Sie auf:

- Die Größe des Beobachtungsgegenstandes
- Die Farbe (auch in der Nuancierung/z.B. matt olivgelb)
- Die Lichtverhältnisse
- Die Formen
- Die Proportionen
- Die Oberflächenbeschaffenheit
- Das Material
- Die Bewegung (oder Ruhe)
- Die Zahl der Elemente
- Die Lage der Elemente zu anderen und zueinander
- Die Gegensätze
- Die Zeit der Handlung
- Die Beziehungen, die Sie zur Handlung haben
- Die Berührungspunkte zu anderen Ereignissen
- Die Identitäten
- Die Ordnung oder Anordnung
- Die erkennbaren Ursachen der Handlung
- Die möglichen Folgen

- Die Logik des Ablaufs

Auch bei Beobachtung durch das Hören sollten Sie auf wesentliche Merkmale achten:

- Auf die Lautstärke
- Die Klangfarbe
- Zahl der Geräusche oder Klänge
- Die Intervalle
- Entfernung
- Das Geräusch oder Klangtempo
- Harmonie oder Disharmonie
- Zeitdauer
- Ursache und Folgen
- Die Klarheit

Je genauer Sie beobachten, desto besser wird die Konzentration. Wenn Sie sich etwas sorgfältig angesehen haben, sollten Sie (soweit es erkennbar war) beschreiben können:

- Die genaue Größe (am besten in Maßangaben)
- Die Farbe bzw. die Farbnuancen (also nicht einfach »grün« sondern etwa »birkengrün« – »seegrün«, »tannengrün«, »gelbstichig« ...)
- Die Verhältnisse von Licht und Schatten (Beleuchtung)
- Die Form (kreisrund, pyramidenförmig, zusammengesetzt aus ...)
- Die Proportionen, also die Verhältnisse, in denen einzelne Abmessungen zueinander stehen
- Die Beschaffenheit der Oberfläche oder Oberflächen
- Das Material
- Die Art der Bewegung oder der Ruhe
- Die Zahl der Einzelheiten oder -teile, der Elemente, aus denen sich das Ganze zusammensetzt
- Die Lage des Ganzen und die Lage der Einzelteile innerhalb des Ganzen (auch die Anordnung der Einzelheiten zueinander)
- Was ist gleichartig und was ist gegensätzlich zwischen den Einzelheiten?
- Die Zeit der Handlung (so präzise wie möglich und nötig)

- Den Ort der Handlung oder des Beobachteten (Lage im umgebenden Raum)
- Das, was Sie besonders interessiert – also Ihre Beziehungen zu dem Beobachteten
- Was das Beobachtete mit anderen Dingen oder Geschehnissen gemeinsam hat oder worin es sich davon unterscheidet
- Wie weit es sich mit anderweitig Beobachtetem deckt
- Ob eine Ordnung, Anordnung erkennbar ist, oder ob kein System erkennbar ist
- Ob (und welche) Ursachen erkennbar sind
- Welche Folgen (Entwicklung) erwartet werden können
- Ob das ganze überhaupt logisch ist

Auch wenn Sie etwas hörend beobachten, sollten Sie hernach sagen können:

- Waren Klänge oder Geräusche heftig oder dezent. Welche Lautstärke herrschte?
- Welche Klangfarbe (hell / trompetenähnlich / dunkel / an ein Cello erinnernd?)
- War es ein einzelner Ton (Klang/Geräusch), war es eine Folge oder der Zusammenklang vieler Einzeltöne (Geräusche)?
- Wiederholten sich die Gehöreindrücke? In welcher Weise?
- Von woher (nah oder fern) kamen die Gehöreindrücke?
- Wie war das Klangtempo beschaffen (kurze schnelle oder langsame Klänge)?
- Wie lange dauerten die Klänge / Geräusche insgesamt?
- Waren es harmonische Klänge / welcher Art?
- Welche Ursachen hatte der Gehöreindruck?
- Waren die Gehöreindrücke klar oder verschwommen?
- Bei Gesprächen kommt dann natürlich noch der aufgenommene Inhalt hinzu – der dann seinerseits Fragen aufwirft, die z.T. mit denen der beiden vorgenannten Reihen übereinstimmen.

Anhand dieser Listen sollten Sie Ihre Wahrnehmungen schulen. Gewöhnen Sie sich nach und nach daran, auf alle oben aufgeführten Punkte zu achten.

Die Skala menschlicher Empfindungen ist ungleich größer als

die möglicher Sinneswahrnehmungen. Hier ist es kaum möglich eine Checkiste zusammenzustellen.

Wir beschränken unsere Ratschläge auf zwei wichtige Punkte:

1. Versuchen Sie eine positive Einstellung zu erlangen – bemühen Sie sich, ständig Spaß an Ihrer Arbeit zu finden.
2. Streben Sie eine ruhige Stimmungslage an.

Beide Ratschläge erteilten wir schon mehrfach im ersten Teil unseres Buches.

Die positive Einstellung richtet lustbetonte Gedanken auf die jeweilige Arbeit selbst. Diese Gedanken können auf den Inhalt der Arbeit gerichtet sein oder auch auf die Art und Weise, wie die Arbeit verrichtet werden soll.

Freude drängt zur Betätigung. Freude an den Dingen, auf die Sie sich konzentrieren wollen, richtet die Konzentration. Ruhige Stimmung heißt nicht generell abschalten. Es heißt vor allem, von den störenden Einflüssen abzuschalten. Diese Stimmung trägt durchaus jene Spannung in sich, die bei Bedarf die Konzentration voll auf das richtet, was zu tun ist. Zwar gibt es gelegentlich den sogenannten heiligen Zorn, der Anstoß sein kann, etwas zur Änderung seiner Ursache zu tun – er kann konzentrationsfördernd sein. Es gibt aber auch den blinden Eifer, der sich in sich selbst ergeht und – wie es sein Name schon sagt – die Sinne verschließt, statt sie zu öffnen.

Es gibt auch die helle Angst, die schlagartig alle Kräfte mobilisiert. Dann vollbringt der Mensch mitunter schier unglaubliche körperliche Leistungen – beispielsweise um einer Gefahr zu entgehen oder anzugreifen.

Doch dabei handelt es sich um biochemische Vorgänge in unserem Inneren, die im allgemeinen nicht vom Bewußtsein her gesteuert werden können. Sie lassen sich nicht »gewollt« einsetzen, um Konzentrationsleistungen zu vollbringen.

Nehmen Sie sich immer wieder einmal die Zeit, Ihre Empfindungen zu überprüfen. Es brauchen nur wenige Minuten zu sein, in denen Sie sich klarzumachen versuchen, welchen Gewinn oder Verlust gerade diese Empfindungen für Ihre Leistungen und damit auch für Ihre Konzentration bedeuten. Zeiten der Besinnung, dessen wird man sich in unseren Tagen wieder klar, nützen nicht nur der

Arbeit und persönlichen Leistungen, sie fördern auch die zwischenmenschlichen Beziehungen und helfen, das Leben sinnvoller zu gestalten. Was und wie Sie empfinden, kann überdies auch Einfluß nehmen

> auf Ihre Gesundheit oder die Wiedergesundung, wenn Sie krank sind;
> auf gesundheitliche Störungen (Magenleiden, Herzbeschwerden, funktionelle Störungen);
> auf Entspannungsphasen (Nachtruhe kann gestört werden);
> auf das Behalten und das Vergessen;
> auf die Vernunft (die bei Erregungen mitunter völlig ausgeschaltet scheint);
> auf die allgemeinen Aktivitäten (starke Empfindungen machen mitunter apathisch);
> auf die Mäßigkeit (unmäßiges Essen oder Trinken).

Kurz, es gibt kaum eine Situation im menschlichen Leben, in der nicht die Empfindungen mit im Spiel sind. Immer wird dann auch die Konzentration eine Rolle spielen – wird steigen oder fallen, sich erhöhen oder verringern.

Es lohnt daher, sich gründlicher mit seinen Emotionen auseinanderzusetzen.

5. Schweigen mit Verstand als Grundvoraussetzung vertiefter Konzentration

Die ruhige Stimmungslage, von der nun schon so oft die Rede war, ist eine Basis, auf der sich Konzentration aufbauen läßt. »Vom Yoga haben wir's gelernt« – möchte man ein altes Liedchen umtexten. Wir überlassen es Ihnen, ob Sie diesen östlichen Weisheitsweg ausprobieren möchten. Glauben Sie bitte nicht, daß es komplizierter Körperübungen oder gar Verrenkungen bedarf, um zur Verinnerlichung zu kommen. Überdies sagen die Yogis selbst, daß die Asanas (Stellungen) der geringste Teil des Yogas seien. Yoga ist in erster Linie Geisteshaltung.

Fast belustigend ist es, daß Yoga, wörtlich übersetzt, Anspannung heißt, während die meisten von uns darin Entspannung suchen. Yoga ist eine Weisheitslehre, die anstrebt, die Psyche weitgehend von der Physis unabhängig zu machen. Es geht um die Beherrschung des Körpers, besonders jener Regionen, die normalerweise nicht bewußt oder gewollt beeinflußt werden können.

Wir haben auch in den abendländischen Weisheitslehren Exerzitien, die aus theologischen oder pädagogischen Gründen über das äußere Schweigen zu einer inneren Ruhe führen. Die Schweigezeiten in Klosterschulen sind beispielsweise dazuzurechnen.

Kehren wir in unseren Betrachtungen zurück ins weltliche Leben. Kann es dort noch die Ruhe geben, die wir benötigen oder zumindest anstreben?

Schauen Sie einmal in den Lesesaal einer wissenschaftlichen Bibliothek. Dort finden Sie fast immer jene Ruhe, die der Konzentration so dienlich ist. Das ist nicht die Ruhe der Gleichgültigkeit, der

Langeweile oder gar des Todes. Das ist eine sehr lebendige Ruhe, eine Ruhe voller Spannung. Man glaubt die Gedanken knistern zu hören. Für manchen Lernwilligen ist allein diese Atmosphäre schon derart stimulierend, daß er wie von selbst zu intensiver Konzentration kommt.

Versuchen Sie gelegentlich, etwas von dieser Atmosphäre auf Ihre wichtigen Arbeiten zu übertragen. Sie werden erleben, wie Sie konzentrierter werden. Es gibt weitere Beispiele dafür, daß äußeres Schweigen mit innerer Ruhe verknüpft ist. Denken Sie an die Ausstrahlungskraft natürlicher Autoritäten. Wir meinen damit keinesfalls jene Sorte von »Vorgesetzten«, die, kraft ihres Amtes, Macht ausüben. Wir meinen erst recht nicht jene anderen Menschen, die sich Autorität nur anmaßen. Die Rede ist von Persönlichkeiten. Die Ausstrahlung solcher Persönlichkeiten ist kaum zu analysieren. Es geht von ihnen eine natürliche Würde aus, die die ganze Umgebung positiv beeinflussen kann. Man hört solchen Menschen zu und ist bereit, sich zu konzentrieren.

So können Sie zur ruhigen Stimmungslage als Konzentrationsbasis gelangen:

- Gewöhnen Sie sich daran, all das zu übersehen und zu überhören, was der Konzentration nicht wert ist. Das kann man leicht, wenn man den Blick auf das Wichtige (also die Arbeit vor einem) richtet.
- Vermeiden Sie es auf jeden Fall, störende Gedanken festzuhalten. Gehen sie sofort zur Tagesordnung über oder – noch besser – richten Sie Ihre Gedanken bewußt auf die konzentrationsfordernde Arbeit.
- Versuchen Sie über ein Entspannungssystem (z.B.: »Autogenes Training«), sich innere Ruhe zu erarbeiten.
- Halten Sie von vornherein Abstand zu den Dingen, die sie nicht benötigen und die Sie ablenken. Wenden Sie Ihnen keine Aufmerksamkeit zu.
- Machen Sie sich immer wieder klar, daß Lebenszeit, Arbeitskraft und Möglichkeiten beschränkt sind und – daß es sich lohnt, wesentliches in Angriff zu nehmen.
- Gewöhnen Sie sich an eine ruhige, tiefe Atmung. Atemübungen

(vorausgesetzt, sie werden vernünftig durchgeführt) können erheblich dazu beitragen, daß Sie ruhiger werden, daß »es« in Ihnen ruhiger wird.

- Bemühen Sie sich auch um eine gewisse Beschaulichkeit! Streben sie eine Lebensschau an, deren Basis das Schweigen ist.
- Kunstbetrachtungen (etwa Museen), in denen der Betrachtende darauf wartet, daß das Kunstwerk zu ihm spricht, sind ein gutes Mittel, um zu innerer Ruhe zu kommen.
- Wenn Sie zur Meditation oder inneren Einkehr neigen (auch durch Gebet zur Versenkung kommen), wird sich auch das für Ihre Konzentrationsfähigkeit auszahlen.

Wachträume kennzeichnen nicht immer den Lebensuntüchtigen. Gezielt eingesetzt (also nicht gedankenverloren verspielt), können sie vielmehr Emotionen auffangen und zur inneren Ruhe führen. Bewegen sich Wachträume im Gebiet der Realität, so kann die mit ihnen verbundene Vorstellungskraft neue Wege aufzeigen, die besser zum Ziel führen als die alten, ausgefahrenen.

Beunruhigen Sie Probleme, dann versuchen Sie zuerst, allgemeine Lösungen zu finden. Erst danach suchen Sie nach spezielleren Möglichkeiten. Aus der Sicht einer allgemeinen Lösung läßt sich jene Ruhe gewinnen, die dann das Besondere besser in den Griff bekommt.

Vielleicht kommen Sie durch schlichtes Warten zur Ruhe. Wie oft sagen wir selbst, daß wir erst einmal in Ruhe abwarten wollen. Auch solch ein »Ruhetraining« kann zum geforderten Schweigen führen.

Stellen Sie äußere Ruhe ein, wenn Sie die Macht dazu haben. Beseitigen Sie störende Geräuschquellen. Suchen Sie ruhige Arbeitsräume auf (Lesesaal). Vielleicht hilft Schallisolierung weiter.

Das sollten Sie sich aus Kapitel 5 besonders merken

- Es ist ein hartes Training, aber immer lohnenswert: Lernen Sie zu übersehen und zu überhören.

- Lassen Sie störende Gedanken, die Sie überfallen, so wegziehen, wie sie kamen. Halten Sie sie keinesfalls fest.
- Schauen Sie sich nach einem passenden Entspannungssystem (wie »Autogenes Training«) um und arbeiten Sie sich darin ein.
- Halten Sie möglichst weiten Abstand zu allem, was mit einer derzeit zu vollziehenden Arbeit nichts zu tun hat.
- Vergessen Sie nie, daß Zeit, Kräfte und Möglichkeiten begrenzt sind, und beschränken Sie sich auf wesentliches.
- Erlernen Sie eine ruhige, tiefe Atmung über vernünftige Atemübungen.
- Denken Sie daran, daß Beschaulichkeit zum Leben gehört – besonders zu einem Leben, das oft zu hohen Konzentrationsleistungen gezwungen ist.
- Religiöse Übungen (Exerzitien) zahlen sich auf die Lebensführung und die Konzentration aus.
- Meditationen führen zur inneren Ruhe.
- Ebenso vermögen gezielt eingesetzte Wachträume Ruhe zu schaffen.
- Ein weiterer Weg: Vorstellung – Zuversicht – Ruhe – Schweigen.
- Bei Problemen: Zuerst die allgemeinere Lösung suchen – Ruhe gewinnen – das Besondere erarbeiten.

6. Die optimalen Voraussetzungen erhöhter Konzentration

Konzentration ist Klugheit, sagt ein Wort. Kluge Menschen werden sich bemühen, die besten Voraussetzungen für gute Arbeitsleistung zu schaffen. Derartige Mühen tragen reiche Zinsen. Letztlich spart man durch konzentriertes Arbeiten Zeit, Mühe und Kraft.

Wenn Sie auf unsere bisherigen Ausführungen zurückblicken, sehen Sie vor allem zwei Möglichkeiten:

1. Optimale Bedingungen herstellen (herbeizuführen versuchen)
2. Sich mit nicht zu ändernden Bedingungen abfinden.

Abfinden heißt keinesfalls resignieren. Es heißt vielmehr, sich abhärten. Wenn Sie sich unter diesem Gesichtspunkt nochmals Kapitel 5 durch den Kopf gehen lassen, dann wird Ihnen einfallen:

- Hier werde ich etwas ändern.
- Hier werde ich mich ändern.

Ergänzen Sie folgende Liste nach Ihrem Bedarf, d.h., durch auf *Sie* wirkende – oder in Ihnen wirkende – oder fehlende Bedingungen und kreuzen Sie, in nebenstehenden Spalten, an wie Sie sich verhalten.

v = vorhanden; b = beschaffen, herstellen; n = nicht zu ändern (abhärten)

	v	b	n		v	b	n
Störungsfreier Raum				Gedanken schweifen nicht ab			
Ruhe am Arbeitsplatz							
Klarheit ü. d. Arbeit				Geordnete Verhältnisse			
Arbeitsmittel ohne Redundanz				Richtige Einstellung zur Arbeit			
Einwandfreie Form der Arbeitsmittel				Ausreichendes Interesse			
				Trainiertes Gedächtnis			
Erstklassiges Werkzeug				Innere Ruhe (keine Hetze)			
Richtige Arbeitszeit							
Ausreichende Zeit				Zufriedenheit			
Keine Belästigungen durch andere				Ruhige Tiefatmung			
				Gesundheit			
Ausreichende Kraft				Entspannung			
Ausreichende Vorkenntnisse				Positive Lebenseinstellung			
Ausreichende Beleuchtung				Selbstvertrauen			

Das sollte keine theoretische Übung sein. Vergleichen Sie vielmehr Ihre Praxis damit. Selbst wenn Sie dort nur wenige Punkte optimieren können, so muß sich das verbessernd auf Ihre Konzentrationsleistungen auszahlen. Da ihr Gewinn mit der Zahl der optimierten Punkte steigt, sollten Sie die Liste mehrmals gründlich durchgehen. Vielleicht fallen Ihnen weitere Punkte ein, die sie optimieren können.

In unserer Zeit hört man viel vom »Positiven Denken«. Diese Lehre besagt, vereinfacht ausgedrückt, daß jedem negativen Gedanken sofort sein positives Gegenteil entgegenzusetzen ist. Positiv ist all das, was die persönliche Aufwärtsentwicklung fördert, ohne sich selbst oder gar anderen irgendwelchen Schaden zuzufügen.

Versuchen Sie nach der Lehre des »Positiven Denkens« zu leben. Es hilft letztlich auch Ihrer Konzentration.

Gedanken sind Kräfte und setzen andere Kräfte frei. Beispielsweise: Bessere Stimmung, innere Ruhe, Gelassenheit, Selbstvertrauen, bessere Leistungen, Annäherungen an Ziele, Erfolge.

Beobachten Sie sich, wenn Sie morgens aufstehen. Was denken und empfinden Sie? Etwa das:

- Schon wieder in die Tretmühle!
- Habe überhaupt keinen Bock (Neudeutsch für »keine Lust«)
- Jeden Tag dieses langweilige Einerlei
- Mal sehen, was heute alles schiefgeht

Das alles wären negative Gedanken – wundern Sie sich nicht, wenn es mit Ihrer Konzentration nicht weit her ist. Machen Sie es mal so:

- Heute ist ein wunderschöner Tag
- Bin gespannt, was ich heute alles zuwege bringe
- Es freut mich, wieder an eine interessante Arbeit zu kommen
- Ich freue mich, auf der Welt zu sein

Sie werden erleben, wie sich Ihre positiven Gedanken fördernd auf Ihre Konzentration auswirken. Mit positivem Denken gewinnen Sie:

- Abstand von Belastungen (Sie öffnen sich dem Positiven).
- Bereitschaft zur Leistung.
- Einsicht in Notwendigkeit, aus der Sie dann Nutzen ziehen.
- Sympathie für Ihre Anliegen, bei anderen.
- Leistungen ohne Druck (ruhigeres Arbeiten).

Gedanken reaslisieren sich tendenziell. Deshalb stellen Sie sich nie vor, wie Dinge Sie belasten und Sie von Ihrem Ziel abhalten, denn sonst werden sich diese Vorstellungen realisieren. Stellen Sie sich vor, wie Sie vorankommen, Ihnen alles gelingt, wie Sie sich besser konzentrieren können. Reden Sie nicht von zu hohen Anforderungen, wenn die Arbeit doch getan werden muß. Sagen Sie vielmehr, daß Sie es gut schaffen werden und entwickeln Sie, positiv denkend, Einsicht in die Notwendigkeiten. Bauen Sie über positives Denken die konzentrationsfördernde Leistungsbereitschaft auf. Denken Sie aber auch daran, daß anderer Rechte und Bedürfnisse nicht geringer sind als die Ihren. Der positiv Denkende gewinnt die Sympathie anderer (und damit oft deren Hilfe), indem er deren Bedürfnissen Rechnung trägt. Wer positiv denkt und in seiner Vorstellung vorwegnimmt, wie er vorankommt, wird auch in seinen Handlungen sicherer und gewinnt die Ruhe, die ihm dazu verhilft, Leistungen ohne Druck zu vollbringen.

Positives Denken heißt, in der lebendigen Phantasie das Positive vorwegzunehmen und damit seinen Aufbau zu betreiben. Es heißt, Erfolge vorzubereiten und einzuleiten.

7. Aktives Denken und Konzentrationstraining

Es scheint ein Widerspruch zu sein, daß Konzentration einerseits ständiges Bemühen, andererseits Loslassen verlangt. Vielleicht hilft folgender Vergleich, es besser zu verstehen: Ein Stück Land oder ein Beet, das reiche Ernte bringen soll, befreit man zunächst von Unrat, Steinen, Ungeziefer und Unkraut. Dann wird der Boden gelockert, gepflügt oder umgegraben, der Samen gesät, die aufgehende Saat gegossen. Im weiteren Verlauf düngt man die Pflanzen, stützt sie eventuell mit Stäben, gießt und pflegt sie. Auch Unkraut und Schädlinge hält man bis zur Reife fern. Unser Boden ist die Gelassenheit, in die wir Ideen säen. Die Gedanken sprießen, wachsen gleich Pflanzen, werden stärker und kräftiger und bringen uns als Früchte die Erfolge.

Sprechen wir nun von der Aktivität des Denkens. Von jener Aktivität, mit der wir an die Arbeit und die Lösung von Problemen gehen. Sie ist immer der Passivität, dem tatenlosen Abwarten entgegenzusetzen. Zu dieser Aktivität kann durchaus ein Warten auf Reife gehören. Ein Verharren in Bereitschaft ist gemeint, bei welchem im Bedarfsfalle volle Aktivität eingeschaltet wird. Nicht abzuwarten wäre, als wollte man täglich die Blumenzwiebeln oder Radieschen ausgraben, um nachzusehen, wie weit sie gewachsen sind.

Denkarbeit ist Assoziationsarbeit, d.h. die Verknüpfung von Gedanken miteinander. So wie sich die Werbung ständig bemüht, die Namen von Erzeugnissen mit Vorteilen für den Käufer zu assoziieren, so sollte man Vorteile der Konzentration mit deren Vorarbeiten assoziieren. Generell gilt auch für Geistes- und Gedächtnisarbeit:

Je vielseitiger Gedanken miteinander verknüpft sind, desto besser prägen sie sich ein, desto leichter können sie reproduziert werden und stehen damit schneller zur Verfügung für vorzunehmende Arbeiten, im Gehirn entsteht ein Assoziationsmodell. Je umfangreicher dieses Modell, je zahlreicher die Verbindungen der Gedanken in ihm, desto arbeitsfreudiger, problemlösungsfreudiger, konzentrationsfreudiger ist es. In der Psychologie unterscheidet man zwischen Assoziationen durch Kontiguität – das sind Verbindungen von Gedankeneinheiten, die einander berühren – und Assoziationen durch Similiarität, Gedankenelemente, die einander ähneln.

Kommt Ihnen z.B. beim Denken an den Kölner Dom der Rhein in den Sinn, handelt es sich um eine räumliche Berührung. Fällt Ihnen bei der Jahreszahl 1945 das Kriegsende ein, so entsteht eine Assoziation durch zeitliche Berührung.

Kommt Ihnen jedoch beim »Kölner Dom« das »Straßburger Münster« in den Sinn, so haben Sie eine Assoziation durch Ähnlichkeit. Auf Assoziationen beruht die Wirkung vieler Kunstwerke, sie assoziieren beispielsweise Andacht und Feierlichkeit (Madonnenbilder), aber auch Furcht oder Schrecken (Goyas »Erschießung der Aufständischen«). Klarheit über Gedankenverbindungen, sowie über logische Folgen von Gedanken, hilft, Konzentration zu verbessern.

Vertikales Denken

Vertikales Denken, auch folgerichtiges, kausales, chronologisches Denken genannt, bedeutet die Bildung von Assoziationsketten, bei denen ein Glied am folgenden hängt (das folgende mit dem vorangehenden verbunden ist). Es geht um die Reihe, bei der sich ein Gedanke folgerichtig aus dem vorangegangenen entwickelt.

Lernen
Fertigkeiten
Können
Leistung
Erfolg

Horizontales Denken

Horizontales Denken nennt man gern (warum eigentlich?) das Abweichen vom vorgegebenen Weg in die Breite.

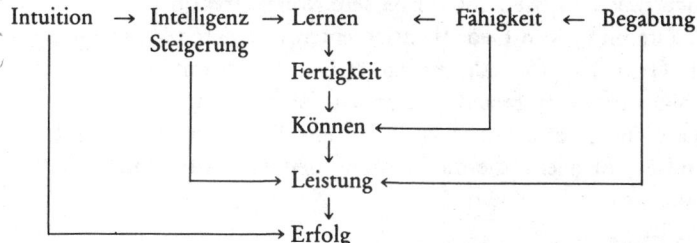

Laterales Denken

Kommt es zu mehrereren Parallelen, also einer stärkeren Füllung der Fläche, so spricht man auch vom zweidimensionalen oder lateralen Denken oder flächigen Assoziationsmodellen.

$$
\begin{array}{ccccccccc}
& & & \text{Wunsch} & & & \\
& & & \downarrow & & & \\
\text{Intuition} & \rightarrow & \text{Intelligenz} & \rightarrow & \text{Lernen} & \leftarrow & \text{Fähigkeit} & \leftarrow & \text{Begabung} \\
\updownarrow & & \text{Steigerung} & & & & \uparrow & & \downarrow \\
& & \downarrow & & & & & & \\
\text{Gespür} & \leftrightarrow & \text{Klugheit} & \rightarrow & \text{Fertigkeit} & \leftrightarrow & \text{Übung} & \leftrightarrow & \text{Geschick} \\
\downarrow & & \downarrow & & \downarrow & & \downarrow & & \downarrow \\
\text{Einstellung} & \leftrightarrow & \text{Vernunft} & & \text{Können} & \leftarrow & \text{Sicherheit} & \leftrightarrow & \text{Sorgfalt} \\
\downarrow & & \downarrow & & \downarrow & & \uparrow & & \downarrow \\
\text{Haltung} & \leftrightarrow & \text{Einsicht} & \rightarrow & \text{Leistung} & \leftarrow & \text{Beständigk.} & \leftrightarrow & \text{Arbeit} \\
& & & & \downarrow & & & & \\
& & & & \text{Erfolg} & & & &
\end{array}
$$

Beim vertikalen Denken ergibt sich der folgende Denkschritt *folgerichtig* aus dem vorangehenden. Hingegen kann laterales Denken sprunghaft sein.

Für unsere Konzentrationsarbeit und die später folgenden Übungen ist es nicht erforderlich, sich mit solchen Gedankenkonstruktionen näher zu befassen. Halten Sie fest, daß vielseitige Gedankenverbindungen besseren Überblick verschaffen. Vielseitige Gedankenverbindungen erleichtern es ferner, neue Gedankenelemente aufzunehmen und im Gedächtnis dauerhafter abrufbar zu bewahren – auch eine Voraussetzung für bessere Konzentration.

Sammlung von Gedankenelementen und deren Verknüpfung ist die Grundlage für jede geistige Arbeit. Selbst mit einem gewissen Konzentrationsaufwand verbunden, ist die Assoziationsarbeit die Basis für später einzustellende vertiefte Konzentration. Drei Dinge sind es vor allem, die die Wirkung der Assoziationsarbeit bestimmen:

1. Sich ein klares Ziel setzen.
2. Den Weg überschaubar machen und einteilen.
3. Gut bedenken, was an Mitteln gebraucht wird.

Daraus lassen sich folgende Ratschläge ableiten:

- Legen Sie Ihre Ziele fest etc.
- Halten Sie Ihr jeweiliges Ziel gut im Auge.
- Werden Sie sich Ihrer Denkarbeit bewußt.
- Teilen Sie Ihre Arbeit (den Weg zum Ziel) gut ein.
- Beachten Sie dabei, daß die Teilstrecken gangbar bleiben.
- Verschaffen Sie sich möglichst vor Beginn einer Arbeit Klarheit über die benötigten Mittel.
- Beschaffen Sie sich alle benötigen Mittel vor Arbeitsbeginn.
- Vielleicht sollten Sie auch nach den Kosten fragen.
- Werden sie sich über den erforderlichen Zeitaufwand klar.
- Denken Sie auch mal an das, worauf Sie verzichten sollten, um gut an ein Ziel zu kommen.

Aus Kapitel 7 sollten Sie mitnehmen

- Gehen Sie mit Schwung, voller Aktivität, an Ihre Arbeit und vermeiden Sie es, tatenlos abzuwarten.
- Entwickeln Sie Ruhe und Bereitschaft – Bleiben Sie gelassen und lernen Sie zu warten.

- Bemühen Sie sich, Gedanken sorgfältig zu verknüpfen, denn Denkarbeit besteht vornehmlich im Assoziieren.
- Vergessen Sie nicht: Je umfangreicher ein Assoziationsmodell, desto bessere Geistesarbeit können Sie weiterhin leisten.
- Wenn Sie sich Ihre Gedankenverbindungen klar machen, dann fördern Sie die Konzentrationsbereitschaft.
- Die Bildung von Assoziationsketten führt zu vertikalem, folgerichtigem, kausalem und chronologischem Denken.
- Ausweiten von Gedankenketten führt zu Gedankengittern, die Sie auch als Assoziationsmodelle betrachten können.
- In gut überschaubare Gedankenmodelle lassen sich neue Gedankenelemente leicht einbauen.
- Aufbau von überschaubaren (und überschauten) Gedankenmodellen schafft die Basis für spätere Konzentration.
- Ziele, Wege und benötigte Mittel sind vor jeder Arbeit sorgfältig zu bedenken.
- Werden Sie aktiv – bleiben Sie aktiv, doch gehen Sie mit Ruhe und Gelassenheit an den Aufbau Ihrer Assoziationsmodelle.
- Denken Sie – vertikal, horizontal, lateral
  wie ist egal – aber »Denken Sie mal.«

Teil III
Konzentrationsübungen

1. Konzentration durch Beachtung der individuellen Arbeitsweise

Konzentration ist vor allem eine geistige Tätigkeit. Heute vergleicht man geistige Arbeit mit Datenverarbeitung (besser: Informationsverarbeitung). Das, was man bei der elektronischen Datenverarbeitung Eingabe und Speicherung nennt, bezeichnen wir beim Menschen schlicht als lernen.

Es ist nicht bedeutungslos für die Konzentration, *wie* der Mensch lernt. Noch bedeutsamer ist es, was der Mensch später mit dem Erlernten macht, also *wie* er seine Arbeit vollbringt. Sie sollten wissen, auf welche Art Sie am besten lernen, damit Sie diese Art immer dann einsetzen, wenn es möglich ist und damit Sie sich besondere Mühe geben, wenn Sie gezwungen sind, gegen die von Ihnen bevorzugte Art zu lernen. Machen Sie einen kleinen Versuch mit Papier und Stift:

Wählen Sie unter den dreimal drei Wörtern in folgender kleinen Zusammenstellung eines und nur eines aus. Schreiben Sie (solange Ihnen noch etwas einfällt) möglichst viele Begriffe auf, die zu dem von Ihnen ausgewählten Wort in Beziehung stehen (zu ihm leicht assoziierbar sind). Es sollten schon wenigstens 30 Wörter sein. Je mehr, desto besser für unseren Versuch.

Gruppe 1	Gruppe 2	Gruppe 3
Oper	Zirkus	Tanzschule
Diskothek	Gemäldeausstellung	Werkstatt
Vortragsveranstaltung	Gartenschau	Sportplatz

Einen ersten Hinweis auf die von Ihnen bevorzugte Art zu lernen gibt Ihnen schon die Auswahl des Wortes. Wählten Sie aus Gruppe 1, so liegt es Ihnen möglicherweise am besten, hörend zu lernen.

Wählten Sie aus Gruppe 2, so lernen Sie wahrscheinlich lieber durch Lesen.

Wählten Sie aus Gruppe 3, so lernen Sie möglicherweise am liebsten durch körperliche Betätigung.

Unterteilen Sie, im weiteren Verlauf des Versuchs, nunmehr die von Ihnen notierten Wörter ebenfalls in drei Gruppen. (Am einfachsten, indem Sie sie mit verschiedenen Markerstiften farbig unterstreichen.)

Auch hier nennen wir Gruppe 1 die Wörter oder Begriffe, die hauptsächlich hörend zu erfassend sind (z.B.: Arie, Sänger, Orchester).

Gruppe 2 umfaßt das sehend aufzunehmende (z.B.: Bühnenbild, Kostüme, Dekoration).

Gruppe 3 nennt Tätigkeiten, Aktivitäten, Bewegungen (z.B. Zweikampf, Volksgetümmel, Schlacht).

Wissen Sie mal nicht wohin mit dem Wort, weil es in zwei oder gar alle drei Gruppen eingeordnet werden kann, dann zählen Sie es ruhig in den beiden oder drei Gruppen (also doppelt oder dreifach).

(Beispiel: Ballett gehört zu 1, wenn man an die Musik denkt, die dabei erklingt, zu 2, wenn man vor allem an die Kostüme und Ausstattung denkt, zu 3, wenn vor allem die schönen Bewegungen Eindruck machen).

Zählen Sie dann aus, wieviele Wörter Sie den einzelnen Gruppen jeweils zuordneten.

Haben Sie in einer der Gruppen auffallend mehr Wörter als in den anderen? Dann ist das ein deutliches Zeichen dafür, daß Sie auf eine bestimmte Weise besser lernen – nämlich

1. durch Hören
2. durch Sehen
3. durch Betätigung

Die Aussage ist um so beweiskräftiger, je mehr Wörter Sie einer bestimmten Gruppe zuordnen können, sie sagt aber kaum etwas aus, wenn Sie insgesamt nur wenige Wörter notieren. Sie sollten außerdem wissen, daß »reine Lerntypen« sehr selten sind. Die meisten Menschen können auf jede Weise lernen und haben es sich bloß im Laufe der Zeit (vor allem durch schulische Erziehung) angewöhnt, nur auf eine Art zu lernen (meistens durch lesen, obwohl es wissenschaftlich erwiesen ist, daß die meisten Menschen eigentlich besser durch Hören lernen).

Doch werten Sie erst einmal Ihren Versuch aus.

Zu welchem Ergebnis Sie immer gelangten, im Alltag, in der Lern- und Berufspraxis ist es oft nötig, alle drei Lernarten einzusetzen. Außerdem haben wir schon oben geschrieben, daß der Einsatz mehrerer Sinne die Konzentration fördert. Geht es um schnellen Einsatz bei der Lernarbeit, dann werden Sie wahrscheinlich möglichst die von Ihnen üblicherweise bevorzugte Aufnehmensweise einzusetzen versuchen. Ansonsten sollten Sie sich bemühen, ständig alle Sinne zu gebrauchen.

Übung
Akustisch-phonetische Beobachtung

Nehmen Sie einen Vortrag oder den Teil eines Vortrages (z.B. vom Radio) auf Band auf. Wenn Sie kein Aufnahmegerät besitzen, können Sie sich auch einen Vortragstext vorlesen lassen.

Spielen Sie das Band wieder ab – jedoch in Teilstücken von je etwa 20 – 30 Sekunden (später können Sie diese Teilzeiten bis auf eine Minute ausdehnen).

Nach jedem Hören halten Sie das Band an und wiederholen Sie mündlich oder schriftlich (wenn Sie genau kontrollieren wollen) das Gehörte im genauen Wortlaut.

Nach jedem gelungenen Versuch – d.h. wenn Sie das gehörte Teilstück des Textes fehlerfrei wiedergeben konnten – stellen Sie das Gerät geringfügig leiser.

Tasten Sie sich an die Lautstärke (fast möchte man hier »Lautschwäche« sagen) heran, die Ihnen höchste Konzentration abfordert.

Weitere Möglichkeiten für Gehörsübungen

- Versuchen Sie sich Motorenklänge derart einzuprägen, daß Sie geschlossenen Auges sagen können, welcher Fahrzeugtyp vorbeifährt.
- Lernen sie es, ein Musikinstrument zu spielen (auch Gesang nach Noten schult das Gehör).
- Versuchen Sie im Dunkeln oder bei geschlossenen Augen Geräusche genau zu unterscheiden.
- Lassen Sie von einem Helfer im Nebenzimmer Gegenstände auf eine Tischplatte oder die Erde fallen und sagen Sie dann, was da fiel.
- Lernen Sie im Zoo Tierstimmen zu unterscheiden, so daß Sie sagen können, welches Tier da schreit, noch bevor Sie vor dem Gehege stehen.
- Nutzen Sie Spaziergänge im Park oder Wald, um zu lernen, welche Vögel auf welche Weise singen.
- Achten Sie auch darauf, wie unterschiedlich Menschenstimmen sein können, und versuchen Sie, das Typische einer Stimme zu beschreiben.
- Kurz: Gebrauchen Sie Ihre Ohren bewußter. Lassen Sie sich nicht akustisch berieseln, sondern denken Sie beim Hören mit.

Übung
Genaueres Beobachten und Sehen

Das ist eine der ältesten Übungen der Konzentrationsschulung. Fachleute behaupten gar, daß es die beste bzw. wirksamste sei. Nur muß man sofort hinzufügen: Diese Übung kann recht monoton werden.

Sie benötigen 10 Zeilen eines beliebigen Textes (später können Sie den Umfang bis auf 25 Zeilen ausdehnen), dessen Schriftgrad nicht kleiner als normale Schreibmaschinenschrift ist.

Versuchen Sie einen bestimmten Buchstaben aus dem Text herauszuzählen. Stellen Sie beispielsweise fest, wie viele kleine a in den zehn Zeilen enthalten sind. Dabei darf kein Hilfsgerät genommen werden. Es ist z.B. nicht erlaubt, mit dem Bleistift die Zeilen entlangzufahren oder die einzelnen a-Zeichen anzustreichen.

Wenn Sie den Versuch mehrfach wiederholen, werden Sie möglicherweise zu immer anderen Ergebnissen kommen. Aber auch wenn ein gutes Ergebnis Ihren Ehrgeiz befriedigt, der Wert der Übung besteht in ihrer Durchführung. Auch wenn Sie nicht das richtige Ergebnis haben, die Sorgfalt der Suche und der damit verbundenen Konzentration macht den Übungswert aus.

Mit demselben oder einem anderen Text können Sie auch jeden anderen Buchstaben herauszählen, so wie Sie Ihr Augenmerk auch auf Buchstabenkombinationen richten können (z.B. *es* oder *ne* – die dann sorgfältig zu unterscheiden sind).

Weitere Möglichkeiten, den Gesichtssinn zu schulen

- Betrachten Sie Gemälde in Ausstellungen und Museen. Doch betrachten Sie sie kritisch. Bei moderner Kunst können Sie vor allem auf die Schönheit der Farben und Formenzusammenstellungen achten.
- Gehen Sie in Bildern (z.B. den Holzschnitten von Dürer) spazieren. Entdecken Sie die Fülle der Details, die in derartigen Arbeiten zu finden sind.
- Schauen Sie Gegenstände kurz an und versuchen Sie geschlossenen Auges, das Bild in Ihrem Interesse »nachleuchten« zu lassen.
- Werfen Sie einen Blick auf Autonummern und versuchen Sie danach, die Nummern fehlerfrei aus dem Kopf wiederzugeben. Achten Sie darauf, daß es sich wirklich nur um Augenblicke handelt (Sehzeit etwa 1/3 – 1/2 Sekunde).

- Unterscheiden Sie die Umrisse von Gegenständen und Dingen (z.B. den Blättern verschiedener Bäume).
- Erfassen Sie mit Umrissen deren Verwandtschaft zu geometrischen Formen (z.B. bei Baumsilhouetten – aber auch bei Gruppierungen von Gegenständen oder Lebewesen).
- Lernen Sie Zeichnen und üben Sie sich darin: Zeichnen ist Sehen, sagt ein Wort (es schult auch die Körpermotorik).
- Bestimmen Sie nach einem Blick, wie viele Fenster ein Haus hat, an dem Sie vorbeikommen.
- Versuchen Sie schnell zu erfassen, wie viele Autos welcher Farbe auf einem überschaubaren Parkplatz stehen.
  Ähnliches können Sie mit farbigen Bekleidungsteilen von Mitfahrern in öffentlichen Verkehrsmitteln machen.
  (Eigentlich bedarf es nur geringer Phantasie, um aus diesen Beispielen eine Fülle weiterer Beobachtungsübungen zu entwikkeln.)

Übung
Übersetzung abstrakter Vorstellungen

Zahlenwerte, wie z.B. Maße, werden anschaulicher, wenn sie zu bekannten Größen in Beziehung gebracht werden.

Tragen Sie ein, ohne auf die nachstehenden Lösungsvorschläge zu schauen:

12 m sind etwa so hoch, wie ein _____ -stöckiges Haus

12 cm sind etwa so hoch wie ein _____

6 m Länge hat ein _____

15 cm mißt etwa die Längsseite einer _____

23 cm ist die Höhe einer _____

5 g wiegt ein normaler Bogen _____

Ein Telefonhörer wiegt etwa _____ g

Ein normaler Eimer faßt ungefähr _____ ltr

Der Sitz eines Stuhles hat ca. die Höhe von _____ cm

Eine Scheibe Toastbrot ist etwa _____ dick

Die Strecke Essen/Berlin beträgt etwa _____ km

Lösungen bzw. Lösungsvorschläge

vier / Schuhkarton / Einer-Ruderboot / Postkarte / Brieftasche / Schreibpapier / 200 g / 10 ltr / 45 cm / 1,2 cm / 500 km

Übung
Motorische Vorstellungen

Malen Sie sich in allen Phasen (Einzelheiten/Handgriffen) aus, wie Sie sich einen Kaffee zubereiten.

Setzen Sie sich geschlossenen Auges bequem hin und stellen Sie sich den Vorgang vor.

Sie können die einzelnen Phasen/Maßnahmen auch kurz notieren und dann mit dem untenstehenden Lösungsvorschlag vergleichen.

In gleicher Weise stellen Sie sich vor, wie Sie sich morgens ankleiden,

wie Sie zu Ihrer Arbeit geben,

wie Sie bestimmte Arbeiten erledigen.

Lösungsvorschlag

(hier nur grob – es geht weitaus detaillierter)
Kessel mit Wasser füllen – Kessel auf Herd setzen – Strom einschalten (oder Gas anzünden) – Kaffeebüchse und Kaffeemühle aus dem Schrank holen – Tasse, Filter oder Kanne, Löffel, Sahne, Zucker bereitstellen.

Kaffee aus Büchse in Mühle schütten – Kaffee zu Pulver mahlen – Kaffeepulver aus der Mühle in Filter oder Kanne geben – kochendes Wasser über Kaffee schütten – Kessel zurück auf Herd stellen (ggf. vorher Wasser nachfüllen) – Kaffee setzen (bzw. filtern) lassen – in Tasse gießen ...

Übung
Vorstellung von Entwicklungen

Führen Sie nun einen ähnlichen Versuch durch, wie ihn die vorange-gangene Übung nennt. Unterschied: Jetzt geht es um die Entwick-lung eines Geschehens (auch die nur mögliche, also noch nicht er-folgte).

Beispiel:
    Gärtnerin
    steckt Tulpenzwiebeln
    Zwiebeln treiben
    Grünspitzen erscheinen
    Blätter wachsen
    Knospen treiben
    Blüten gehen auf
    Blumen werden geschnitten
    Blumen kommen ins Geschäft
    Blumen stehen in der Auslage
    Blumenkauf

Entwickeln Sie in Gedanken:
    Eine Bastelarbeit
    Eine berufliche Aufgabe
    Einen Ausflug
    Ihren nächsten Urlaub

Übung
Vorstellung von Folgen

Wandeln Sie die vorgenannten Übungen ab, indem Sie verschiedene Folgen zu den hier aufgeführten Ursachen nennen.

(Denken Sie sich weitere Übungen ähnlicher Art aus.)

Die Übung wird wertvoller, wenn Sie Ehrgeiz darein legen, sie schnellstmöglich durchzuführen, also in allerkürzester Frist die möglichen Folgen aufgeführter Ursachen zu nennen.

Unfall _____

Arbeit _____

Schimpfen _____

Putzen _____

Lottogewinn _____

Trinken _____

Reisen _____

Spielen _____

Besuch _____

Wandern _____

Schreiben _____

Üben _____

Hier wieder ein paar Lösungsmöglichkeiten (es gibt viele denkbare weitere):

Unfall   – *Verletzung, Schaden, Strafe, Geldverlust* _____

Lottogewinn   – *Geld, Haus, Reise, Neider, Wohlleben* _____

Besuche   – *Unterhaltung, Neuigkeiten, Klatsch, Kaffeetrinken*

Arbeit   – *Schaffen, Lohn, Aufstieg, Nutzen bringen*

Trinken   – *Spaß, Geselligkeit, Trunkenheit, Kater*

Wandern   – *Erholung, Ruhe, Landschaft kennenlernen*

Schimpfen   – *Ärger, Widerstand, Beleidigung, Schmollen*

Reisen   – *Ferne Länder, Erlebnisse, Abenteuer*

Schreiben   – *Kontakt, Antwort, Gedankenaustausch*

Putzen   – *Sauberkeit, Ordnung, gute Stimmung*

Spielen   – *Beisammensein, Freude, Entspannung, Spaß*

Üben   – *lernen, beherrschen, weiterkommen, Aufstieg*

Je mehr mögliche Folgerungen Sie in kürzester Zeit zu nennen wissen, desto gewinnbringender sind derartige Übungen.

Übung
Vorstellung von Beziehungen

Konzentration läßt sich trainieren, Assoziationsarbeit verbessern, wenn Sie (ähnlich wie in der Vorübung) schnellstmöglich zu einer größeren Zahl von Wörtern jeweils eine Beziehung finden.

a) Versuchen Sie, so schnell Sie nur irgend können, zu jedem der folgenden 30 Wörter ein anderes Dingwort, das mit dem vorgegebenen in Beziehung steht, zu nennen (maximale Übungszeit: 1 Minute)

Schiff	Rose	Nelke	Fußball	Uhr	Hand
Auto	Finger	Löwe	Urwald	Meer	Fisch
Jacke	Nadel	Kutsche	Hammer	Baum	Zigarre
Glas	Nase	Boden	Rasen	Wäsche	Knall
Lampe	Tisch	Frosch	Musik	Horn	Salbe

Gleiche Übungen können Sie sich so zusammenstellen: Sie nehmen einen beliebigen Text und markieren in ihm die ersten 30 – 50 Dingwörter, die Ihnen begegnen. Lassen Sie das so vorbereitete Übungsmaterial etwas liegen (vielleicht bis zum nächsten Tag) und gehen Sie dann an die Übung, wie oben beschrieben.

b) Versuchen Sie 3 – 5 Minuten lang die hier begonnene Wortkette, in welcher ein folgendes Wort immer eine Beziehung zum vorangegangenen hat, so weit wie möglich zu verlängern:
Netz – Fisch – Markt – Verkäufer _____

Gleiche Übungen können Sie von jedem Wort Ihrer Wahl durchführen.

Lösungsvorschläge (es sind viele andere denkbar)

a)
Schiff – Matrose	Rose – Dornen
Uhr – Zeiger	Hand – Arm
Löwe – Steppe	Urwald – Affen
Jacke – Hose	Nadel – Faden
Baum – Ast	Zigarre – Asche
Boden – Teppich	Rasen – Park
Lampe – Licht	Tisch – Stuhl
Horn – Kuh	Salbe – Wunde
Nelke – Duft	Fußball – Tor
Auto – Benzin	Finger – Hand
Meer – Strand	Fisch – Netz
Kutsche – Pferd	Hammer – Zange
Glas – Wasser	Hase – Jäger
Wäsche – Seife	Knall – Schreck
Frosch – Storch	Musik – Beat

b) Netz – Fisch – Markt – Verkäufer – Waage – Gewicht – Eichamt – Beamter – Schreibtisch – Brief – Marke – Post – Gebühren – Teuerung – Inflation – Politik – Wahl – Hochrechnung – Computer – Datenverarbeitung – Rechnung – Mathematik – Schule – Lehrer –

Zeugnis – Bewertung – Leistung – Lohn – Geld – Lebensstandard – Luxus – Straßenkreuzer – Autobahn – Urlaub.

In abgewandelter Form kann bei dieser Übung festgelegt werden, daß nach einer Mindestzahl von Wörtern (oder einer Mindestzeit) zum Ausgangswort zurückzufinden ist (.....Urlaub – Meer – Fischer – Netz).

Übung
Vorstellung von Standpunkten

Bei folgender Denksportübung, wie sie gern in Rhetorik-Kursen durchgeführt wird, kommt es darauf an, Dinge von neuen (möglichst ungewohnten) Standpunkten aus zu betrachten. Sprechen Sie auf Band (oder schreiben Sie auf) jeweils eine Minute lang (bei Niederschrift ca. 100 Wörter) über die Pflanze »Wilde Kamille«.

a) Vom Standpunkt des Naturfreundes, der sie am Wege sieht.
b) Vom Standpunkt des Bauern, dem sie zwischen die Saat geraten ist.
c) Vom Standpunkt des Malers, den ihre Farben erfreuen.
d) Von Ihrem ganz persönlichen Standpunkt.

Keine Lösungsvorschläge, da vielerlei Anschauungen möglich.

Und hier einiges, das Sie sich merken sollten

- Verschaffen Sie sich möglichst gründliche Kenntnisse darüber, auf welche Art Sie am besten lernen.
- Nutzen Sie Ihre Art zu lernen, wenn es möglich ist – doch schulen Sie sich ständig in den anderen Möglichkeiten.
- Üben Sie vor allem das Hören. Es ist bei vielen Zeitgenossen verkümmert. Lernen Sie es, Geräusche und Klänge zu unterscheiden und selbst schwache Höreindrücke richtig zu deuten.

- Üben Sie sich ebenso im sorgfältigeren Sehen. Eine der einfach-sten und doch wirksamsten Übungen ist das Auszählen von Buchstaben aus Texten.
- Seien Sie immer bemüht, abstrakte Begriffe in Beziehungen zu bringen.
- Üben Sie sich in motorischen Vorstellungen, malen Sie sich in Ihrer Phantasie jeden Handgriff von Arbeitsabläufen aus.
- Üben Sie auch die Vorstellung von Entwicklungen, von Folgen, von Beziehungen und Standpunkten.

Mit derartigen Übungen absolvieren sie ein geistiges Training, welches Sie bei Bedarf in die Lage versetzt, die Konzentration zu intensivieren.

2. Geübte Aufmerksamkeit und Konzentration

Sie wissen, daß Konzentration automatisch zu erhöhter Aufmerksamkeit führt. Auch umgekehrt ist es richtig: Aufmerksamkeit erhöht die Konzentration. Darauf beruhen viele Konzentrationsübungen. Genaues Beobachtungen ist gerichtete Aufmerksamkeit. Deshalb muß der Konzentrationsschwache immer wieder aufgefordert werden, mit erhöhter Sorgfalt zu arbeiten. Über die dabei eingeteilte Aufmerksamkeit verbessert er dann auch seine allgemeine Konzentrationsfähigkeit.

Denken Sie jetzt bitte einmal an sechs (oder auch mehr) Tätigkeiten, die alltäglich vorzunehmen sind.

Beispielsweise an:

Die Morgentoilette
Das Arbeitswerkzeug zurechtlegen
Durchsehen der Korrespondenz
Erteilen von Arbeitsanweisungen
Einstellung einer Maschine
Aufräumen zum Feierabend.

Wählen Sie sich dann eine davon aus und führen sie beim nächsten Male so durch, als gelte es, ein Meisterstück abzulegen. Am folgenden Tag wiederholen Sie diese »Übung« mit einer weiteren Tätigkeit aus Ihrer Reihe. Am dritten Tag wird eine dritte der Tätigkeiten hinzugenommen. Setzen Sie diese Übungen so lange fort, bis sorgfältiges, aufmerksames Arbeiten sich auf alle Ihre Tätigkeiten überträgt. Wenn das gelingt, haben Sie keine Konzentrationsprobleme mehr. Anfangs gibt es einige Mühe, derartiges durchzuhalten. Gehen Sie, wenn diese Mühe zu groß werden sollte, einen Schritt zurück. Üben Sie dann ihre Aufmerksamkeit an kleineren Verrichtungen. Z.B. am Schnüren eines Schnuhes, am Knöpfen Ihres Mantels, beim Schließen Ihrer Wohnungs- oder Autotür, beim Öffnen eines Fensters, dem Einschenken von Kaffee beim Frühstück, dem Schmieren der Brote, dem Spitzen eines Bleistifts, dem Bettenmachen ..... Es wird Ihnen dann beispielsweise nicht mehr widerfahren, daß Sie kurz nach dem Verlassen des Hauses nochmals zurückgehen, um nachzusehen, ob Sie wirklich die Tür abgeschlossen hatten.

Es ist nur ein erhöhter Zeitaufwand mit derartigen Sorgfaltsübungen an sowieso zu verrichtenden Tätigkeiten verbunden. Abgesehen davon, daß es sich ja um Konzentrationsübungen handeln soll, die ihren Zeitaufwand irgendwann hereinbringen, sparen aufmerksam durchgeführte Handgriffe sehr bald Zeit ein. Es kommen weniger Fehler vor. Es ist beispielsweise nicht nötig, den verknöpften Mantel nochmals zu öffnen und erneut zuzuknöpfen. Außerdem haben Sie den Nebengewinn, sehr bald wieder ständig mit offenen Augen durch die Welt zu gehen – der Problemblindheit wird entgegengewirkt – es zeigen sich vielerorts Verbesserungsmöglichkeiten.

Übung
»Schreiben von Schönschrift«

*Schönschrift erzieht
Hand und Auge
und führt, über die
verbesserte Aufmerksamkeit,
zu erhöhter Konzentration.*

Nehmen Sie sich einen Schreibblock und versuchen Sie es selbst.

Schreiben Sie einen Text aus diesem Buch so ab, daß das Ergebnis unserem Beispiel gleicht.

Sehr viel mehr Mühe, aber auch sehr viel mehr Nutzen bringt diese Übung mit sich, wenn sie mit der linken Hand durchgeführt wird (gilt nicht für Linkshänder).

Auch im Bereich des Hörens läßt sich, zusätzlich zu den schon genannten Übungsmöglichkeiten, einiges tun.

Bemühen Sie sich zunächst um die Verbesserung der eigenen Aussprache. Sprechen Sie angemessen laut (die meisten Menschen sprechen nur dann laut, wenn sie erregt sind, aber gerade dann sollte man die leisen Töne pflegen).

Sprechen Sie auch deutlich, d.h. langsam und artikuliert. Auch hier schludern die meisten Menschen, indem sie zu schnell daherreden und unsauber sprechen (nuscheln, Endsilben verschlucken, sich einer Sprache bedienen, die weder Dialekt noch Hochdeutsch ist).

Beobachten Sie auch bei anderen deren Aussprache. Nicht um zu kritisieren, sondern um deren Fehler zu vermeiden und von deren Qualitäten zu lernen.

Horchen Sie immer genau hin, wenn es etwas zu Hören gibt. Üben Sie sich darin, Akzente zu erkennen, dann können Sie vielleicht zur Überraschung des anderen dessen Herkunft ermitteln.

Weitere Hör- und Konzentrationsübungen

- Versuchen Sie, Menschen an ihrem Schritt zu erkennen (zu unterscheiden).
- Bitten Sie jemanden, an verschiedene Gläser zu klopfen. Schließen Sie dann die Augen, während der Partner (nun in anderer Folge) an die Gläser klopft. Versuchen Sie nun zu bestimmen, welches Glas »erklingt«.
- Beobachten Sie, welche Geräusche entstehen, wenn Sie mit der Hand, mit der Bürste, mit einem anderen Gegenstand über die Oberfläche von Gegenständen streichen.
- Versuchen Sie, Einzelinstrumente aus einem Orchester herauszuhören. Verfolgen Sie ein Instrument gewissermaßen durch das ganze Musikstück.

Übung
Blitzkarten

Eine sehr brauchbare Übung stammt aus dem Training des »Rationellen Lesens«.

Nehmen Sie ein Kartonstückchen (Spielkarte o.ä.) und üben Sie, es mit leicht aufgelegten Fingerspitzen schnell auf einem Blatt Papier auf- und abzubewegen. Etwa 6 – 8 mm Hubhöhe, d.h., so weit, wie diese Linien auseinanderstehen:

———————————

———————————

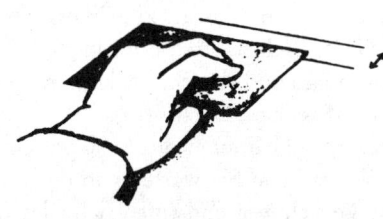

hier Karte
zunächst
anlegen

———————————   ———————————

		3	8	6					a	b	c	
		5	7	1					n	h	y	
	6	4		2	3			k	l	b	h	
	5	0		8	9			j	g	y	p	
	8	1		3	4			z	r	t	o	
	9	3	1	5	6			h	j	f	m	
	7	8	0	1	3			m	n	v	w	x
	4	1	5	6	7			l	z	k	i	y
6	0	4		7	1	8	d	m	e	n	o	
9	4	0		7	3	6						

Das Kartonstück sollte in Pfeilrichtung sehr schnell hin- und herbewegt werden. Dann führen Sie die Karte, jeweils eine der folgenden Zeilen kurz der Sicht freigebend, in gleicher Weise nach und nach über untehenstehende Spalten. Erst links, dann rechts. Versuchen Sie, alle Zeichengruppen richtig zu erkennen.

Das zugehörige Übungsmaterial ist mit der Schreibmaschine leicht und schnell zu erstellen und kann zu wiederholten Malen durchgegangen werden.

Oft fehlt uns die Zeit zum Üben. Dabei ist es allerdings merkwürdig, daß gerade Menschen, die besonders heftig über Zeitmangel klagen, große Teile ihrer Zeit mit dummen oder unnnützen Dingen verschwenden.

Es gibt aber genügend Situationen im Alltag, in die sich Konzentrationsübungen ohne besonderen Zeitaufwand einbauen lassen. Z.B. wenn Sie einen Weg machen müssen – dann

- werfen Sie einen kurzen Blick auf eine Häuserfront, eine Fassade. Beschreiben Sie sich selbst deren Einzelheiten ohne weiter hinzuschauen (Fensterzahl und -beschaffenheit, Stockwerke, Stuckaturen / Sgraffito, Mosaiken, Dachform).
- Betrachten Sie einige Minuten die Auslagen eines Schaufensters (beispielsweise, während Sie wartend an der Haltestelle stehen). Dann drehen Sie sich weg und rufen sich alles Gesehene ins Gedächtnis zurück.
- Beobachten Sie unauffällig Menschen und versuchen Sie, sich (wieder den Blick abgewandt) an Kleidung, Haltung, Haarfarbe etc. zu erinnern.
- Versuchen Sie gleichgeartete Übungen mit Aufschriften auf Schildern, Plakaten, Fahrzeugen.
- Lernen Sie Typen und Arten zu unterscheiden, ganz gleich, wo Ihre Präferenzen liegen (Autos, Flugzeuge, Hunderassen, Blumen, Bäume, Sträucher).

Übung
Konzentration durch Sehen und Merken

Nehmen Sie wieder ein Stück Karton. Dieses Mal in Postkartengröße. Arbeiten Sie ähnlich wie auf Seite 127, nur daß Sie die folgenden Zeilen für je 1 Sekunde offenhalten (solange wie es dauert, »einundzwanzig« zu sagen). Wiederholen Sie nach jeweils nur einmaligem Aufblenden den Satz auswendig.

- Die Sonne war schon seit mehr als einer Stunde untergegangen.
- Heinz und Paul trafen sich erst nach mehr als 10 Jahren wieder.
- Immer wenn er in seinem Rennwagen saß, wurde er ruhig.
- Wie die meisten Frauen hatte auch Angelika nie etwas anzuziehen.
- »Geben Sie mir von dem ein Pfund«, sagte Frau Elsa bestimmt.
- Sie fanden jeden Abend etwas Neues zu besprechen.
- Giraffen, Zebras, Antilopen waren von weitem zu sehen.
- Nicht Silber, auch nicht Weißgold – Platin hatte man verarbeitet.
- Arno ging mit Utha, Reni mit Herbert und Bernd mit Dagmar.
- Wir sahen Smaragde, Rubine, Brillanten, Opale und Tansaniten.

Übung
Textinhalte

Suchen Sie sich für diese Übung ein paar Texte (z.B. aus Zeitungen oder Zeitschriften) von jeweils ungefähr 100 Wörtern Umfang heraus. Später können Sie die gleiche Übung mit umfangreicheren Texten machen.

Lesen Sie dann einen Text sehr zügig durch. Versuchen Sie am Schluß, den Textinhalt in zwei oder drei Sätzen wiederzugeben. Dann schreiben Sie alle Namen, Daten und Zahlen auf, die der Text enthält oder die sich aus dem Zusammenhang erschließen lassen (z.B. Ort und Zeit der Handlung).

Kontrollieren Sie durch nochmaliges Lesen, ob Ihnen auch nichts entgangen ist. Es ist empfehlenswert, Texte aus dem eigenen Arbeits- bzw. Interessenbereich zu wählen.

Hier ein Mustertext, an dem Sie es gleich einmal versuchen können.

Einmal durchlesen:
In der weit über 100 m langen Montagehalle bewegte sich im länglichen Oval ein Förderband. Rund 10 Minuten blieb es dann

stehen. Diese Zeit mußte den Frauen genügen, um ihre Arbeit an dem zu montierenden Gerät zu tun. Dann wanderte es um die Länge des Abstandes zwischen zwei Montageplätzen weiter. Dazu brauchte es nur 30 Sekunden, aber diese Zeiten waren für die Frauen das Beste: die Pausen. 10 Minuten Arbeit, 30 Sekunden Pause, so ging es vier Stunden am Vormittag und vier weitere am Nachmittag, getrennt durch die halbstündige Mittagszeit. In 480 Minuten wurde ein Gerät montiert, jeden Tag 40 Stück. Rund 1000 im Monat.

Beantworten Sie nun die folgenden Fragen.

Was beschreibt der Artikel, sagen Sie es in einem Satz.

1) Wie lange ist die Halle?
2) Wie ist das Förderband angeordnet?
3) Wie lange bleibt es jeweils stehen?
4) Was war dann zu tun?
5) Wie weit wanderte es danach weiter?
6) Welche Zeit brauchte es dafür?
7) Warum war diese Zeit die Beste?
8) Wie lang ging die Arbeit am Tag?
9) Wie viele Geräte wurden täglich montiert?
10) Wie viele im Monat?

Lösungsvorschlag:

Der Aufsatz beschreibt die eintönige Arbeit von Frauen, die am Fließband Geräte montieren (bzw. sinngemäße Aussage).
1) 100 m 2) längliches Oval 3) 10 min 4) montieren 5) um die Entfernung zwischen den Arbeitsplätzen 6) 30 sek 7) sie wurde als Pause betrachtet 8) 2 × 4 Stunden 9) 48 10) 1000

Das Wichtigste aus Kapitel 2

- Konzentration führt zu erhöhter Aufmerksamkeit – bewußt eingestellte Aufmerksamkeit erhöht die Konzentration.
- Täglich wiederkehrende Verrichtungen können als Konzentrationsübung genutzt werden, indem man sie so durchführt, als gelte es, ein Meisterstück zu schaffen.
- Richten Sie volle Aufmerksamkeit auch oder gerade auf die kleinen Verrichtungen, es erspart letztlich Zeit und erbringt bessere Leistungen.
- Schönschrift ist eine gute Konzentrationsübung. Besonders anspruchsvoll: Mit der linken Hand geschriebene Schönschrift.
- Die eigene Aussprache pflegen und von der anderen lernen. Ebenfalls schult es die Konzentration, wenn der Übende bemüht ist, Geräusche und Klänge zu erkennen bzw. zu unterscheiden.
- Legen Sie besonderes Augenmerk auf die Blitzkartenübungen. Fertigen Sie sich ausreichend Übungsmaterial mit der Schreibmaschine.
- Beobachten Sie auf Spaziergängen alles genauer, was es zu beobachten gibt (Menschen, Tiere, Pflanzen, Gebäude, Schaufensterauslagen ...).
- Versuchen Sie zur Übung, mittellange Sätze in kurzer Frist auswendig zu lernen.
- Kontrollieren Sie Ihr Textverständnis an Lesetexten.

3. Konzentration und Mnemotechnik

Mnemotechnik ist eine höchst amüsante Art der Gedächtnisförderung, die auch zur Konzentrationsschulung eingesetzt werden kann. Ihre Mittel erscheinen Außenstehenden mitunter merkwürdig oder gar albern. Das spricht jedoch nicht gegen deren Wirksamkeit. Die Hilfen, die die Mnemotechnik erfand, sind ja nicht Selbstzweck, sondern, wenn auch oft höchst kuriose, Mittel zum Zweck besseren, dauerhafteren Behaltens. Leider sind einige von ihnen durch die Mnemotechniker selbst derart breitgetreten, daß sie zu Ärgernissen werden könnten, weil sie so unsinnig erscheinen.

Die Mnemotechnik versucht, Inhalte im Gedächtnis zu verankern, indem sie Äußerlichkeiten stark hervorhebt oder in Bilder umwandelt. Einige der Mittel sind uraltes Erkenntnisgut der Menschheit, andere sind im Laufe der Jahrhunderte von den Rhetorikern und den Gedächtnisakrobaten hinzuerfunden worden. Wir versuchten, nur brauchbare Hilfsmittel der Mnemotechnik auszuwählen. Da die Übungen Aufmerksamkeit und Phantasie erfordern, sind sie unter die wirksamen Konzentrationsübungen zu reihen.

Übung
Bildvorstellungen

Wollen Sie Namen von Personen besser merken, dann stellen Sie
sich ein Bild vor.
Z.B. *Frau Reineke* (Sehen Sie einen Fuchs in Ihrer Phantasie)
   Laufkatze   (Sehen Sie eine Katze in Ihrer Phantasie laufen)
   – eine Kranart –

Schwieriger wird es bei abstrakten oder unbekannten Namen, dann
muß die Phantasie Purzelbäume schlagen.
Z.B. *Chrebowski* (Sehen Sie einen Schrebergärtner, der oft Ski läuft.)
                   – Chreeb –   – ow – – ski –
   Laminat (Sehen Sie ein Lamm in einer Naht gestickt abgebildet)
   (– aus Lamellen
   aufgebauter Stoff)   Lam_ in_____ at

Versuchen Sie, Phantasiebilder zu finden für

Personennamen	**Dinge Begriffe**
Chrysler	Schwedenfelder
Hannemann	Duroplast
Ollendorf	Autogeyser
Humbold	Rakel
Hagenauer	Reitstock
Wassen	Blazer
Friebe	Tansanit
Weidling	Seitenschneider
Schygulla	Aufsetzkranz
Kowalczek	Handlauf

Chrysler	=	*Einer, der um etwas »kreist«*
Hannemann	=	*Ein Mädchen (Hanne) zieht einen Mann weg*
Ollendorf	=	*Ein Dorf voll alter Weiber*
Humboldt	=	***Hum**bug, den ein Witz**bold** macht*
Hagenauer	=	*Hagen (der Held) steht auf einer Aue*
Wassen	=	*Jemand versucht **was** zu **se**(he)n*
Friebe	=	*In der Früh betrachten (etwas)*
		Frie be
Weidling	=	*Auf der **Weide** sitzt ein Jüng**ling***
Schygulla	=	*Einer hat seinen Ski in den Gully gesteckt*
		Schy gulla
Kowalczek	=	*In **Kovel** (Stadt in Rußland) schreibt einer einen*
		*neuen **Scheck** aus*
Schwedenfeder	=	*Alter Schwede mit Feder am Hut*
Duroplast	=	*Ein **Du**(r)o arbeitet an einer **Plast**ik*
Autogeyser	=	*Ein Kaiser (Klanggleichheit) aus Sachsen fährt*
		Auto – Dialekt –
Rakel	=	*Jemand streckt sich*
		(rekelt)
		a
Reitstock	=	*Ein Stock (Steckenpferd), auf dem ein Bub reitet*
Blazer	=	*Trompeter in zweireihiger Jacke*
Tansanit	=	*Jemand tanzt a nit (auch nicht)*
		Tanz a nit
Seitenschneider	=	*Jemand schneidet von der Seite her etwas durch*
Aufsetzkranz	=	*Mädchen setzt sich Kranz auf*
Handlauf	=	*Finger spazieren Treppengeländer aufwärts*

Übung
Mnemotechnische Assoziationsbildung

Gestalten Sie jeweils aus drei Wörtern/Begriffen ein zusammenhängendes Bild (wenn es auch so albern anmutet). Beispiel:

Zange – Butter – China
Ein Chinamann ißt mit der Kneifzange Butter

Jetzt sind Sie dran:

Auto – Neger – Tisch
Elefant – Klavier – Sekt
Rose – Matterhorn – Schutzmann
Schalter – Marmelade – Fußweg
Wolkenkratzer – Spaghetti – Karneval

Es gibt viele mehr oder weniger kluge bis blödsinnige (aber immer einprägsame) Phantasiebilder, wobei wir Ihr Vorstellungsvermögen nicht durch Beispiele eingrenzen wollen.

Fritz Reutter vergleicht in einem seiner Bücher die Jahreszahl 1822 mit einer Familie, die spazieren geht:

Voran Frau lang dünn
will immer die erste
sein (1. Geige spiele)

Danach Mann
mit Glatze
und Kugelbauch

Hinterher watscheln
gleich Enten die
beiden Töchter

Versuchen Sie Ihre Phantasie zu schulen und zeichnen Sie die Ziffern ebenfalls zu Bildern um. Sie dürfen dabei ruhig den Rahmen »sprengen«.

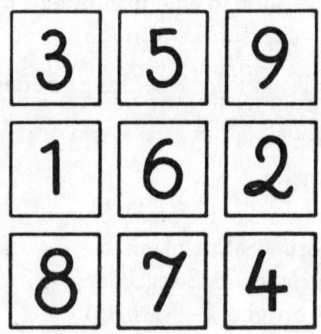

Nur damit Sie sehen, daß es geht:

Macht Spaß – regt die Phantasie an – schult den Blick (Zeichnen ist sehen).

———

In Rätselmagazinen, Spielbüchern, sich modern gebärenden Veröffentlichungen über geistiges Training, sowie der klassischen Logik finden Sie Denksportaufgaben in Fülle. Üben Sie auch an ihnen Denkarbeit und Konzentration.

Wir versuchen Ihnen hier Übungen zu geben, die Sie *ohne zusätzliche Käufe* weiterführen können.

Gilt es Wortreihen einzuprägen, so versuchen Sie, einen einigermaßen sinnvollen Satz zu finden, bei dem jeder Anfangsbuchstabe eines Wortes die Initialzündung zu einem der einzuprägenden Wörter gibt. Beispiel:

Du müßtest es bald dort mit Oswald besprochen haben.

D	M		E	B	D	M	O		B		H
Duisburg			Bochum		Osnabrück						
	Mülheim				Dortmund			Bremen			
		Essen				Münster				Hamburg	

Die Anfangsbuchstaben sind die gleichen wie die der Städte, in denen der Zug nach Hamburg hält.

Rhythmus und Reim, auch Melodie und Klang prägen sich leicht ein.

Fräulen Fink – flott und flink
         – merkt sich prima!

Übung

»Dichten« Sie Merkverse auf die Namen:

Peter Klein

_____

Herbert Grone

_____

Erna Haß

_____

Ilse Schute

_____

Frau Hennig

_____

Frau Grünewald

_____

Herrn Untermeyer

_____

Herr Rosenhagen

_____

_____

Beispiele:

Peter Klein – prägt sich ein.

Sollten Sie etwas Unhöfliches gedichtet haben – macht nichts – prägt sich auch ein – nur verraten Sie es niemand.

Herbert Grone – trägt die Krone.

Wer ist das? – Erna Haß!

Ilse Schute – heißt die Gute.

Auch Frau Hennig – längst schon kenn ich.

Und Frau Grünewald – will zur Bühne bald (braucht gar nicht zu stimmen).

Herr Untermeyer – ist ein/kein Oberbayer.

Der Herr Rosenhagen – mit dem losen Kragen muß schon Hosen tragen.

Jetzt langt's

–––––––––––

Wenn Sie von mnemotechnischen Tricks und Kniffen nichts halten – sie Ihnen abwegig vorkommen – gehen Sie gleich zum nächsten Kapitel über. Aber – warum sollen Sie es nicht erst einmal versuchen? Es heißt dort, daß mit Humor alles leichter und besser geht. Wenn es wirklich nichts helfen sollte (was wir uns gar nicht vorstellen können) – schaden tut's auf keinen Fall.

Die angeführten, mitunter recht nützlichen Spielereien und Banalitäten verhelfen – wenn Sie das Ganze nicht tierisch ernst zu nehmen versuchen – zu besonderem inneren Sehen und zur Entspannung. Und beides fördert wiederum die Konzentration.

Stereotypen nennt man in der Mnemotechnik festgelegte Reihen von numerierten Einzel-(Phantasie)-bildern, an die man bei Bedarf die zu merkenden Dinge mit Hilfe der Vorstellung anhängt (assoziiert). Wollen Sie sich dieses Mittel nutzbar machen, so bedarf es als Vorarbeit, daß sie sich eine Reihe von Bildern ganz fest und plastisch einprägen.

Z.B. folgende:

1. Ein *ein*sames Mädchen
2. Ein *Zwei*spänner (Kutsche in Landschaft)
3. Einen *Drei*spitz (Hut/Münchhausen)
4. Ein *Vier*tele (Weinglas/Weinprobe)
5. Einen *fünf*zackigen Stern (Sternenhimmel)
6. Ein *Sech*stett (Gesangsgruppe)
7. Den *Sieben*schläfer (Regentag)
8. Eine *Acht*erbahn (Rummelplatz)
9. *Neun* Mann im Boot (Achter mit Steuermann)
10. Den *Zehn*-tagesabschnitt (Dekade/z.B. 10-Tages-Kursus)
11. *Elf* Elfen (Märchenszene/Ballett)
12. *Zwölf* Jünger (Abendmahlbild von Leonardo da Vinci)
(Setzen Sie die Reihe bei Bedarf fort)

Die Assoziationsarbeit ist ganz ähnlich, wie auf Seite 135 beschrieben. Das, was Sie merken wollen, muß in Form von Bildern, entsprechend der Ziffernfolge, in der Stereotypenreihe assoziiert werden.

Z.B.: Die Wörter Spiegel – einsames Mädchen schaut in Spiegel
Nashorn – Nashorn greift Kutsche an
Casanova – Münchhausen tauscht mit Casanova
Erlebnisse aus

- Mnemotechnische Maßnahmen scheinen zwar mitunter banal, albern, unsinnig – mit ihnen lassen sich Sachen aber besser einprägen.
- Mnemotechnik verlangt Aufmerksamkeit und fordert Phantasie. Deshalb können ihre Maßnahmen vielfach zum Konzentrationstraining gerechnet werden.
- Bemühen Sie sich, zwecks Phantasieschulung und Gedächtnisverbesserung, Namen von Personen und Dingen durch Vorstellungsbilder einzuprägen.
- Verbinden Sie mehrere Wörter, Dinge, Begriffe (am besten – weil leichtesten – jeweils drei) zu einem anschaulichen Bild. Skurrile Bilder prägen sich dabei besser ein als die sogenannten vernünftigen.
- Üben Sie Hand, Auge, Phantasie dadurch, daß Sie aus Ziffern (auch aus Buchstaben) Bilder machen!
- Sätze, deren Wörter mit bestimmten Anfangsbuchstaben beginnen, können zur Initialzündung der Erinnerung werden, wenn mit eben diesen Anfangsbuchstaben auch andere Wortreihen beginnen.
- Ein »hingeworfener« Reim festigt manchen Sachverhalt (z.B. Namen) gut im Gedächtnis.
- Mnemotechnische Tricks verhelfen zu innerem Sehen, zur Entspannung und zu besserer Konzentration.
- Stereotypen – das Geheimnis der Gedächtniskünstler – sind auswendig gelernte feste Reihen von Phantasiebildern (sozusagen: Phantasieraster), in die man durch Bildassoziationen neue Merkstoffe einbinden kann.

4. Konzentrieren durch genaueres Sehen

Genaueres Sehen oder Schauen sind fast gleichbedeutend mit hoher Aufmerksamkeit. Hohe Aufmerksamkeit ist gleichzusetzen damit, alle Sinne auf das zu richten, was beachtenswert ist, also mit Konzentration. Deshalb ist es nicht verwunderlich, daß die meisten Konzentrationsübungen über das beobachtende Auge vorgenommen werden. Beispiel dafür wäre jene Übung, in welcher Sie Zeichen (Buchstaben) aus Texten herauszählen sollten. In anderen Übungen sind es vor allem Fehler, die es zu finden gilt (die berühmten Doppelbilder, in denen eines vom anderen in ein paar Punkten abweicht) oder Einzelheiten erkannt werden müssen (dazu zählen z.B. die bekannten Fixierbilder).

Übungsmöglichkeiten

(jede Übung kann 10 – 20 Minuten dauern)

- Streichen Sie in beliebigen Texten Ihrer Wahl alle Hauptwörter an. An der Zahl der Zeilen, die Sie in der vorgegebenen Übungszeit »schaffen«, können Sie (vorausgesetzt, Sie haben keine Wörter übersehen) auch den Übungsfortschritt ablesen.

- Streichen Sie (wieder im Text Ihrer Wahl) alle Wörter an, die mit einem bestimmten Buchstaben beginnen (zum Beispiel mit b / B).

- Markieren Sie in Texten alle zweisilbigen Wörter (ein anderes Mal die einsilbigen / dreisilbigen).

- Zählen Sie in schnellem Durchgang aus, wie viele Kommata (oder andere Satzzeichen) ein Text von bestimmter Länge hat.
- Zählen Sie aus, wie oft in einem Text einsilbige Wörter nebeneinander stehen.

Bei einiger Phantasie können Sie eine große Zahl weiterer Übungen dieser Art selbst erdenken.

Übung

Finden Sie in max. 12 Sekunden heraus, welche und wie viele Zeichen der unteren Reihe nicht mit der oberen übereinstimmen.

a) 1 3 5 7 9 1 1 1 3 1 5 1 7 1 9 2 1 2 3 2 5 2 7 2 9 3 1 3 3 1 5 3 7 3 9 3
   1 8 5 7 9 1 7 1 3 1 6 1 7 1 9 2 1 5 2 2 5 2 7 2 9 8 1 3 3 8 5 3 7 3 9 3

b) Nun den gleichen Versuch mit Kleinbuchstaben (wieder max. 12 Sekunden)

   a b c e h j m p o l n k x a d f i k n g r s t n o z l m i e e k x z m y
   a b c o h j m q o l n k x a b f i k n q r s t n o z f m i o e k y z n x

c) ... und mit Großbuchstaben
   B P E O A L A G S M S F H N T C L S E U D M O P I L Z X Y R R P R A B T
   B P F O A L A C S M S E H N T O L S E U O M O B I L Z X Y N R T R H B T

d) und gemischten Gruppen

   I a B 2 c D 4 h J 0 3 N 4 z P Q O I R 3 n h 4 M k l O 3 m p b R 7 n N
   1 ä B 2 o D 4 h J o 3 N 4 F P O Q I R 3 n h 4 W k l O 3 m B b R f n N

e) und schließlich noch mit 3 Zeilen. Streichen Sie an, wo ein Zeichen von den beiden anderen (darüber oder darunter) abweicht

   1 2 3 4 0 2 1 9 0 7 5 6 4 3 1 2 0 8 9 6 6 7 4 3 4 4 5 1 2 0 3 7 8 9 1 2
   1 2 3 4 0 3 1 9 6 7 5 6 4 8 2 2 0 8 9 5 6 7 4 3 4 4 5 2 3 0 3 7 3 9 1 2
   1 2 8 4 0 2 1 9 0 7 3 6 4 8 2 2 0 8 9 6 5 7 4 8 4 4 5 1 3 0 3 7 3 9 1 2

a: 7 / b: 9 / c: 9 / d: 8 / e: 12

Übung

Die heute wieder in Mode kommenden Puzzle-Spiele eignen sich auch gut für Beobachtungs- und Konzentrationsübungen. Auf einfache Art können Sie sich selbst solche herstellen. Nehmen Sie sich 10 Ansichtskarten mit detailreichen Darstellungen. Zeichnen Sie auf der Rückseite Liniensysteme gleich diesem:

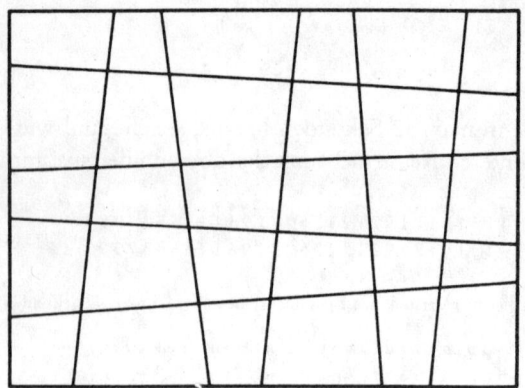

Zerschneiden Sie die Karten an den Linien in Teilstücke.

Übung

Setzen Sie eins der Bilder zusammen und stoppen Sie die Zeit. Versuchen Sie bei der nächsten Karte mit 5 % weniger Zeit auszukommen. Z.B.: Bei der ersten brauchten Sie 10 Minuten, versuchen Sie es mit 9 1/2. Bei jedem weiteren Versuch auch weitere 5 % Zeit abziehen.

Übung

Führen Sie wieder mit Hilfe eines Kartonstückes Übungen gleich denen auf Seite 127 durch, aber jetzt an Kleinbuchstaben.

i r d f g	_____	imcgt	_____
l k j h d	_____	ffdcm	_____
t b l g h	_____	hcnnk	_____
s t s r r	_____	mrnsl	_____
b v m c i	_____	gtnhz	_____
l l w s d	_____	lrmsw	_____
d s n r z	_____	prhln	_____
b v c x y	_____	zkfds	_____
m k n d r	_____	äthcf	_____
j d h iwd	_____	ffdcm	_____
l k j h d	_____	ffdcm	_____
f c v l k	_____	tmkrw	_____
r t t v r	_____	gnvfn	_____
l t s h n	_____	kvfsd	_____
s x y a q	_____	cdxsw	_____
c b ß n s	_____	xetsb	_____
v n m l f	_____	lkjdh	_____
s d f d j	_____	rrfrm	_____
c v m n p	_____	ndldm	_____
j k l l w	_____	swdlb	_____
c h s s r	_____	zttrw	_____

Übung

Und hier die gleiche Übung mit Großbuchstaben:

IRDFG	_____	IMCGT	_____
ACDOM	_____	CIRFY	_____
MVFDH	_____	NEYSC	_____
KWQSÖ	_____	ODCSD	_____
KAGDÜ	_____	QÜWPE	_____
OWRGS	_____	AÄSÖD	_____
EDEGH	_____	EDOLF	_____
IJGFI	_____	TGZHU	_____
ODSFH	_____	KGDLE	_____
XDUER	_____	KVMDH	_____
NGYFP	_____	WENMF	_____
RWQRF	_____	LKERJ	_____
SIFDJ	_____	UJRFM	_____
DZGPR	_____	EDIKF	_____
HVCBC	_____	THÜHR	_____
QSXYU	_____	PLEFU	_____
ODWSR	_____	RFTGU	_____
KZLMB	_____	TGBHN	_____
RUFHG	_____	MNVGF	_____
KEWFH	_____	MBHGZ	_____
IDZTJ	_____	UEJDF	_____

Übung

Die gleiche Übung mit gemischten Zeichen:

i r d f g	_____	imcgt	_____
f r p O d	_____	f183k	_____
1 t 5 n g	_____	r89rk	_____
8 9 3 0 g	_____	27nök	_____
3 k o o k	_____	9kh35	_____
k e j 9 r	_____	x44de	_____
2 m 5 k o	_____	q544g	_____
1 3 i 6 8	_____	q544p	_____
ö r m 3 x	_____	jy3q5	_____
a 4 x l m	_____	kdd7ü	_____
1 4 3 0 b	_____	7un25	_____
kp 418	_____	j 442 x	_____
e l h h m	_____	j3 2 27	_____
3 m4 wz	_____	8 pi xg	_____
6 5 z4 1	_____	nv m45	_____
h 4 5f j	_____	ed c 4r	_____
rs v 34	_____	7uj m8	_____
8 u jnm	_____	90 8i 7u	_____
9 8 im5	_____	3 e 2 w 1	_____
rh j 62	_____	nji 98	_____
kr 9 sl	_____	tx6 xdr	_____

Haben Sie einen guten Blick für alltägliche Dinge?

Überprüfen Sie es doch einmal und versuchen Sie (ohne nachzuschauen) folgende Fragen zu beantworten:

1. Wie viele Stäbe (Streben) hat Ihr Regenschirm?
2. Wie oft steht die 20 auf einem 20-Mark-Schein?
3. Welches Muster hat ihre Kravatte (genau beschreiben) oder Ihr Halstuch?
4. Wie viele Knöpfe sind an Ihrer Bluse / Oberhemd?
5. Wie sieht Ihr Haustürschlüssel aus (beschreiben), könnten Sie ihn an seiner Form schnell unter ähnlichen herausfinden?
6. Welche Farben haben die wichtigsten Briefmarken der derzeit am Schalter verkauften Normalreihe?
7. Wie viele (und welche) Bedienungsknöpfe hat Ihr TV-Gerät?
8. Beschreiben Sie die Tapetenmuster der verschiedenen Räume in Ihrer Wohnung.
9. Wieviel Stufen hat irgendeine Treppe, die Sie täglich gehen?
10. Wie sind die Ziffern Ihrer Armbanduhr beschaffen? Was steht auf der Rückseite eben dieser Uhr?
11. Beschreiben Sie die Packung irgendeines Artikels, den Sie täglich (oder doch häufiger) in der Hand haben (Zigarettenpackung, Schokolade, Zahnpasta).
12. Nennen Sie die Augenfarbe von 10 Bekannten.

Sehen Sie nach – so weit es möglich ist –, ob Sie richtig beobachteten.

Wenn nicht, so haben Sie in der sorgfältigeren Beobachtung solcher Dinge eine weitere Konzentrationsübung.

Übung

Auch wenn Sie kein besonderes Talent zum Zeichnen haben – es geht uns hier nicht um Kunstwerke – sollten Sie gelegentlich einfache Gegenstände mit dem Bleistift zu Papier bringen. Abwechseln: mal aus dem Kopf, mal nach der Natur.

- Nehmen Sie sich beispielsweise einen Eimer als Vorlage.
- Zeichen Sie eine Tasse.
- Stellen Sie einen Blumentopf dar.
- Bringen Sie die Umrisse einer Vase zu Papier.
- Versuchen Sie ähnliches mit einer Lampe.
- Versuchen Sie zeichnerisch zu unterscheiden: Kirsche, Pflaume, Apfel, Birne.
- Vielleicht probieren Sie es auch einmal mit einfachen Lageskizzen. So etwas kann später eine nützliche Fertigkeit sein (beispielsweise, um anderen einen Weg zu erklären).

Wenn Sie an derartigen, einfachen Darstellungen Spaß gewinnen, können Sie es durchaus mit anspruchsvolleren Aufgaben probieren. »Zeichnen ist Sehen«, sagt ein Wort. Wer zwischen Vorlage und dem, was er zu Papier bringt, keine Ähnlichkeit erreichen kann, der hat weniger Schwierigkeiten, den Bleistift zu führen, als vielmehr klar zu sehen, was die Vorlage / Natur vorgibt. In erhöhtem Maße gilt das für plastisches Gestalten – weil dabei noch eine dritte Dimension zu erfassen ist.

Übung

Folgende Übung ist in möglichst hohem Tempo durchzuführen. Streichen Sie an – so schnell es geht (max.: 5 Sekunden pro Gruppe)

a) welche der folgenden Gegenstände sind *immer* kreisrund?
Teller, Tasse, Ball, Aschenbecher, Waschschüssel, Rad, Ei, Hut, Apfelsine, Apfel, Konservenbüchse, Uhr.

b) Welche Dinge sind *immer* rot?
Tomate, Paprika, Lippenstift, Herzkartenzeichen, Sonne, glühendes Eisen, frisches Blut, Papagei, Fuchs, Wein, Rose, Ampel

c) Welche Dinge sind *immer* schwerer als 10 kg?
Elefant, Vorschlaghammer, Mülltonne, Auto, Tisch, Klavier, Kartoffelsack, Koffer

d) Welche Tiere können schwimmen?
Hirsche, Schlangen, Pferde, Hasen, Hühner, Enten, Tiger, Elefanten, Schweine, Ratten, Krebse, Katzen

e) Was ist *immer* größer als ein Mensch?
Giraffe, Bäume, Strauße, Wohnhäuser, Kleiderschrank, Stehlampe, Fahnenstange, Bootsmasten, Bären, Türen, Gartenzäune, Schrotflinten.

Auflösungen:

a) nur das Rad
b) Herzkartenzeichen / frisches Blut
c) Elefant, Auto, Klavier
d) alle außer Hühnern
e) Giraffe / Wohnhäuser

Aus Kapitel 4 lohnt es sich zu merken

- Die meisten Konzentrationsübungen sind Beobachtungsübungen, die das Auge / den Gesichtssinn beanspruchen.
- Eine gute Konzentrationsübung besteht darin, in beliebigen, nicht langen, Texten Wörter anzustreichen, die man zuvor bestimmte.
- Besondere Beobachtungsgenauigkeit erfordern Übungen, in denen Fehler oder Abweichungen von einer gegebenen Norm anzustreichen sind:
  1 2 3 4 5
  1 2 8 4 5
- Zerschnittene Ansichtskarten oder Bilder können zu Puzzle-Spielen werden. Sie in möglichst kurzer Zeit zusammenzusetzen schult Gedächtnis und Konzentration.
- Auch Blitzkartenübungen mit den verschiedensten Zeichengruppen wirken stark konzentrationsfördernd.
- Üben Sie Beobachtungsgabe und Konzentration an den kleinen Dingen des Alltags (Briefmarken, Münzen, Verpackungen).
- Zeichnen ist sehen. Zeichnen fördert die Beobachtung. Zeichnen (wenn sorgfältig durchgeführt) schult auch die Konzentration.
- Das schnelle Zuordnen von Eigenschaften kann als Denksport betrieben werden und zählt dann auch zu den Konzentrationsübungen.

5. Konzentriertes Arbeiten ist beste Konzentrationsschulung

Wir gaben Ihnen schon zu bedenken, daß eine sich überall anbietende Konzentrationsübung darin besteht, die Dinge, die täglich ohnehin zu tun sind, besonders sorgfältig durchzuführen. Gerade diese Alltagsarbeiten sollten nicht zur langweiligen Routine werden, denn sonst bauen sie die Konzentration nach und nach völlig ab. Es geht dabei vor allem um die Sorgfalt des Denkens bei der Arbeit. Solches Tun bringt doppelten Gewinn. Einmal den der Übung für die Verbesserung der allgemeinen Konzentrationsfähigkeit, zum anderen das bessere Gelingen der entsprechenden Arbeit.

Bei manchen Menschen, die sich übungswillig geben, die auch immer wieder nach brauchbaren Konzentrationsübungen rufen, hat man leider das Gefühl, daß sie glauben, durch eine Patentmedizin an ihr Ziel zu kommen. Mancher müßte sich sogar den Vorwurf machen lassen, daß er ein Hintertürchen sucht, durch welches er schlüpfen kann, um den mühsamen vorderen Weg nicht gehen zu müssen.

Patentrezepte sind uns leider nicht bekannt. Auch bei der Fähigkeit (und man kann auch sagen: Fertigkeit) der Konzentration sind vor den Erfolg die Schweißtropfen gesetzt, wenn das Werk den Meister loben soll.

Immer wieder scheint es uns auch notwendig, darauf hinzuweisen, zu suggerieren, daß Interesse zu gewinnen und Spaß einzusetzen sind. Will es aber überhaupt nicht anders gehen, was bleibt einem anderes übrig, als den Teufel mit Beelzebub auszutreiben – d.h. einen leichten Zwang einzusetzen, der einen voranbringt.

Besser ist es immer zu sagen: »Ich darf!«

Tut es aber Not – soll es heißen: »Ich muß!«

Stellen Sie sich immer wieder mal ein Programm, einen Übungsplan auf. Sollten Sie beispielsweise noch nicht die hier bisher beschriebenen Übungen durchgeführt haben, dann gehen Sie – mithilfe folgender Aufstellung, die Sie noch ausfüllen müssen – so vor:

Am _____ führe ich die Übung von Seite _____ durch

Am _____ führe ich die Übung von Seite _____ durch

Am _____ führe ich die Übung von Seite _____ durch

Am _____ führe ich die Übung von Seite _____ durch

Am _____ führe ich die Übung von Seite _____ durch

Am _____ führe ich die Übung von Seite _____ durch

Am _____ führe ich die Übung von Seite _____ durch

Am _____ führe ich die Übung von Seite _____ durch

Am _____ führe ich die Übung von Seite _____ durch

Am _____ führe ich die Übung von Seite _____ durch

Am _____ führe ich die Übung von Seite _____ durch

Am _____ führe ich die Übung von Seite _____ durch

Am _____ führe ich die Übung von Seite _____ durch

Am _____ führe ich die Übung von Seite _____ durch

Am _____ führe ich die Übung von Seite _____ durch

Am _____ führe ich die Übung von Seite _____ durch

Am _____ führe ich die Übung von Seite _____ durch

Am _____ führe ich die Übung von Seite _____ durch

Am _____ führe ich die Übung von Seite _____ durch

Am _____ führe ich die Übung von Seite _____ durch

Und das tun Sie dann auch bitte.

Eine schwere Konzentrationsübung

Halten Sie so lange Sie es ohne Verschwimmen des Blickes vermögen, aber wenigstens 3 Minuten durch, entsprechend den Linien mit dem Blick von o zu o zu springen.

A

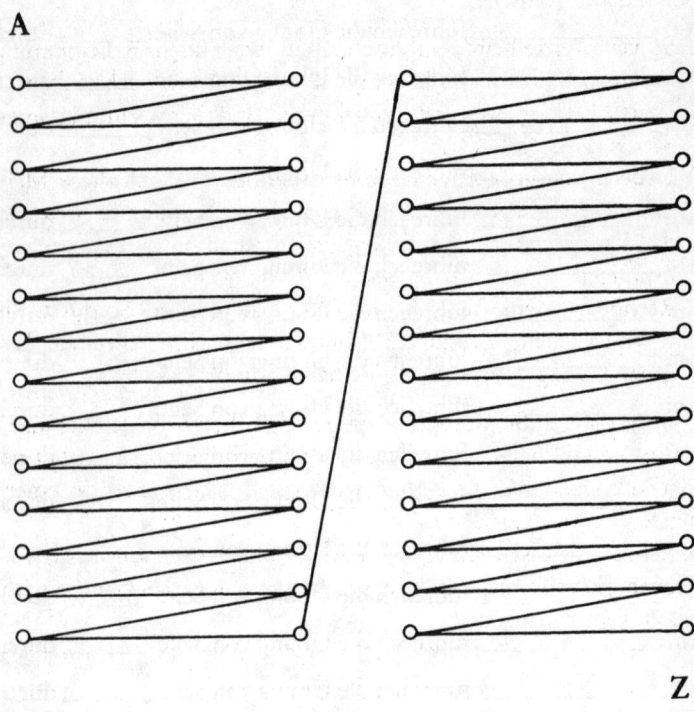

Z

und wieder bei A anfangen!

Konzentrationsübungen in Ihrer Praxis

Nehmen Sie sich Texte aus Fachzeitschriften.

Zunächst nicht länger als eine Seite – später können sie auch längere Artikel einsetzen.

Lesen Sie sehr aufmerksam, doch so schnell Sie können. Im Anschluß daran versuchen Sie:

1. So viele Einzelheiten aufzuschreiben, wie Ihnen in Erinnerung kommen. Dabei nicht länger als 10 – 15 Minuten nachdenken.
2. Den Inhalt in zwei oder drei kurzen, möglichst einprägsamen Sätzen wiedergeben.

Dabei keine großartigen »Konstruktionen« – auch diese Maßnahme soll schnell vollzogen sein. 5 Minuten sollten reichen – so daß Sie insgesamt nicht mehr als 20 Minuten für die Auswertung benötigen.

Rechnen wir eine Textseite mit 300 – 500 Wörtern. So dürfte die vorangegangene Lesezeit 5 Minuten nicht überschreiten. Die ganze Übung dauert also keine halbe Stunde.

Kontrollieren Sie durch Nachlesen, daß Ihnen nichts entgangen ist. Solche Übungen sind solange zu wiederholen, bis es sicher gelingt, den Textinhalt und seine wichtigsten Einzelheiten in einem zügigen Lesen zu erfassen.

Achtung: Es ist wichtig, daß Sie die Auswertung schriftlich vornehmen, sich also die Antworten nicht nur »denken«, sondern wirklich zu Papier bringen.

Auch das bringt Sie weiter:

- Stellen Sie sich Listen auf. Listen von guten Gründen, warum Sie bestimmte Arbeiten durchführen wollen.
- Haben Sie gute Gründe für Ihre Arbeiten, dann widersprechen Sie energisch jedem Gedanken, der in Ihnen entsteht oder von außen auf Sie zukommt und Sie von Ihren Vorhaben abbringen will.

- Motivieren Sie sich immer wieder von Neuem.
  Halten Sie sich ständig den Nutzen Ihres Durchhaltens vor Augen.
  Denken Sie gelegentlich auch an die Nachteile, die ein Aufgeben mit sich bringt.

Daß es sich immer lohnt, sich jederzeit bei Bedarf voll kozentrieren zu können, sollte für Sie keine Frage mehr sein, denn jede Arbeit gelingt besser mit erhöhter Konzentration. Und jede bessere Arbeit mindert die Zahl der Fehler, läßt Fehler schließlich ganz verschwinden.

Konzentriert durchgeführte Arbeit benötigt auch viel weniger Zeit, und das ist immer ein Gewinn – es sei denn, Sie haben Zeit übrig (Es soll sogar welche geben, die die Zeit »totschlagen«).

Eine Reihe unserer Übungen lassen sich mit Messungen verbinden (z.B. die Blitzkartenübungen oder Fehlersuche). Es kann gelegentlich sehr gut sein, den Übungsfortschritt an Meßwerten zu überprüfen. Übersehen Sie jedoch nicht, daß bei solchem Zählen Monotonie aufkommen kann.

Überdies kann manches Zählen sogar selbst zur Konzentrationsübung erhoben werden.

- Zählen Sie die Autos, die auf lebhaft befahrener Straße vorbeiflitzen (eine Kontrolle ist dabei natürlich kaum möglich).
- Zählen Sie Namen wie Müller, Schulz und Schmitz im Telefonbuch (Hier könnten Sie durch Wiederholung zu kontrollieren versuchen).
- Zählen Sie Muster z.B. in Tapeten, die Ornamente in Geweben, die Zähne rund um eine Briefmarke, die Karos eines Rechenblattes.

Solche »Übungen« haben allerdings nur dann einen Wert, wenn man sie als solche ernst nimmt und sehr sorgfältig durchführt.

Es gilt zwar für ein jedes Training, doch beim Konzentrationstraining in besonders hohem Maß: Es ist wichtig, eine Zeit durchzuhalten.

Stellen Sie Zeitpläne auf und verfahren Sie danach. Geben Sie Kontrollspalten dazu.

Tragen Sie ein, wenn etwas nicht durchgehalten wurde (begründen). So wie Sie wissen sollten, was zu tun ist, so sollten Sie immer wissen, warum etwas nicht getan wurde. Übungen können regelrecht zum Sport werden. Das Wiederholen mißlungener Übungen braucht nicht als Selbstbestrafung angesehen zu werden. Vielmehr können Sie sich vorstellen, daß Sie die Chance der Wiederholung haben.

Übung
Schreibmaschine

Schreiben Sie mit der Schreibmaschine einen beliebigen Text etwas schneller, als Sie es normalerweise tun.

Jedesmal wenn Sie sich vertippen, schreiben Sie in Großbruchstaben das Wort KONZENTRATION und fangen anschließend Ihren Text von neuem zu schreiben an.

Kommen keine Vertipper, dann heißt das einerseits, daß Sie beim eingestellten Tempo schon volle Konzentration haben. Dann steigern Sie die Anschlagzahl erneut. Auf diese Weise machen Sie nicht nur eine Konzentrationsübung, sondern erarbeiten sich auch noch ein höheres Schreibtempo.

Übung
Lautlesen

Lesen Sie einen beliebigen Text laut vom Buch ab. Bemühen Sie sich dabei um eine sehr präzise Sprechweise. Achten Sie auch auf deutlich sichtbare Lippenbewegungen, ohne dabei in eine gezierte Sprache zu fallen. Jeden Versprecher »ahnden« Sie dadurch, daß Sie von vorn beginnen (sich die Chance geben, es besser zu machen).

Übung
Linienziehen

_____
_____
_____
_____
_____
_____
_____

Ziehen Sie mit der linken Hand und einem Stift eine Linie zwischen 2 Parallelen. Für jedes Berühren einer der vorgedruckten Linien ziehen Sie zwei neue auf Papier und wiederholen dann den Versuch.

Belohnen Sie sich mit einem Kaffee, einer Praline, einer Zigarette, wenn eine Arbeit besonders gut gelang. Setzen Sie aber das Übungsniveau so hoch, daß sie ein wenig Mühe verspüren. Sich für Selbstverständliches zu belohnen bringt nicht nur keinen Erfolg, sondern macht nachlässig.

Auch die im voraus zur »Belohnung« festgelegte Kurzpause kann stark motivierend wirken. Gleiches gilt für den Schwatz mit der Nachbarin oder dem Kollegen. Auch eine besonders erfreuliche Arbeit kann als motivierende »Belohnung« eingesetzt werden (Wenn ich das und das erledigt habe, mache ich eine zeitlang jenes).

Die Führung eines Leistungsprotokolls, in welches Sie Ihre Arbeitsergebnisse eintragen, die Steigerungen ausweisen, kann ähnlich positiv auf die Konzentration wirken, wie das Lob von außen. Also: Setzen Sie auch Selbstbelohnungen zur Erhöhung Ihrer Konzentration ein.

Aus dem Kapitel 5 lohnt es sich zu merken

- Die beste Konzentrationsschulung, die es überhaupt gibt, ist die konzentrierte Arbeit selbst.
- Es gibt keine Wundermethoden oder Patente, keine Medizin für verbesserte Konzentrationsleistungen. Aber es gibt wirksame Übungen – vor deren Erfolg der Schweiß steht.
- Legen Sie sich selbst einen leichten Zwang auf. Setzen Sie fest, wann Sie Konzentrationsübungen durchführen wollen und halten Sie Ihre Vorsätze ein.
- Sprungübungen für das Auge, in denen der Blick bewußt geführt wird, sind harte, doch äußerst wirksame Konzentrationsübungen.
- Eine ebenfalls empfehlenswerte Übung besteht darin, Texte zügig zu lesen und anschließend deren Inhalt und Einzelheiten frei wiederzugeben.

Stellen Sie Listen auf, in denen Sie Arbeitsgründe festhalten. Negativen Gedanken ist dabei energisch entgegenzutreten.

- Motivieren Sie sich immer wieder aufs Neue, indem Sie sich den Nutzen Ihrer Arbeiten und Übungen vor Augen führen.
- Führen Sie desweiteren sorgfältige Zählarbeit als Konzentrationsübung durch.
- Stellen Sie sich Übungspläne / Zeitpläne für die einzelnen Übungsmaßnahmen auf und kontrollieren Sie deren Einhaltung.
- Wiederholen Sie mangelhafte Arbeiten, sehen Sie in solchen selbst auferlegten Wiederholungen die Chance zu wiederholen.
- Belohnen Sie sich selbst und motivieren Sie sich dadurch zu besserer Konzentration.

6. Konzentration und Anregungsmittel

Der berühmte, aber historisch nicht bewiesene Duft von faulenden Äpfeln in der Schublade des Schillerschen Schreibtisches, der den Dichter inspiriert haben soll, muß ständig als Beispiel für die Wirkung stimulierender Mittel herhalten. Ähnlich wird von Balzac erzählt, daß er Unmengen von Bohnenkaffee brauchte, um schreiben zu können. Es gibt noch so manches Histörchen von großen Leuten, die irgendeinen Trick oder Tick hatten, um bessere Arbeitsleistungen hervorzurufen. Damit ist bewiesen, daß ich, der Schreiber dieses Buches, nie zu den Großen zählen kann – denn ich habe halt noch keinen Spleen, der meine Arbeitsleistungen in die Höhe treibt. Ich brauche weder Goethes spartanisches Arbeitszimmer noch den Prunk, den Wagner so liebte, habe Kapitel meiner Bücher in Luxussuiten von Hotels geschrieben und andere in schlichtesten Pensionen, auf der Bettkante sitzend und auf dem Stuhl schreibend, weil gar kein Tisch da war. Oft ersetzte mir ein Eisenbahnabteil das Arbeitszimmer. Angenehme Düfte machen mich nur neugierig, unangenehme ärgern mich. Beide lenken mich ab. Colatabletten wirken auf mich überhaupt nicht. Alkohol macht mich müde und Kaffee möchte ich in Ruhe, in Pausen genießen – nicht bei der Arbeit. Vielleicht ist bei Ihnen alles anders? Bleiben Sie dann ruhig bei Ihrer Art, die Arbeit zu unterstützen. Doch überlegen Sie sich hin und wieder, ob von irgendwelchen Mitteln, ganz gleich welchen, wirklich stimulierende Wirkung auf Sie ausgeht.

Wenn Sie es aber ganz genau wissen wollen, dann machen Sie ein paar Versuche, wie wir sie im folgenden näher beschreiben.

- Suchen sie sich einige Aufgaben oder Übungen, z.B. Leseübungen aus der einschlägigen Literatur, anspruchsvollere Rechenaufgaben oder ähnliches.
Die Übungen müssen sich untereinander gleichen. Das heißt, sie sollten alle etwa den gleichen Schwierigkeitsgrad haben. Sehr gut eignen sich auch unsere Auszählübungen von Zeichen (Seite 142 f.).
- Führen Sie die erste (oder einige erste) Aufgaben nüchtern durch. Trinken Sie eine Tasse Kaffee. Tun Sie 15 Minutern etwas anderes (vielleicht auch gar nichts). Lösen Sie dann eine andere Aufgabe (Aufgaben). Vergleichen Sie die Ergebnisse.
- Arbeiten Sie erst eine Stunde, was immer Sie zu arbeiten haben. Lösen Sie dann eine Übungsaufgabe. Trinken Sie eine Tasse Kaffee. Lösen Sie kurz darauf eine weitere Aufgabe gleicher Art. Vergleichen Sie die Ergebnisse.
- Führen Sie zur bestimmten Tageszeit eine Aufgabe durch. Am nächsten Tag tun Sie das gleiche, nachdem Sie eine Tasse Kaffee getrunken haben.
Vergleichen Sie die Ergebnisse.

Wiederholen Sie solche Versuche mit:

einem Glas Wein,
einem Cognac,
einem Weckmittel,
einem Vitaminpräparat

oder mit etwas anderem, wovon Sie sich Anregung versprechen.

Vergleichen Sie wieder die Ergebnisse. Am besten ist es natürlich, wenn derartige Vergleiche immer unter den gleichen Bedingungen laufen. Also beispielsweise an verschiedenen Tagen jeweils zu gleichen Stunden. Jedesmal stellen Sie die Ergebnisse mit und ohne Anregungsmittel gegenüber.

Wichtig ist, daß das Arbeitsergebnis wirklich meßbar ist. Oft hat der Mensch nur Spaß am Mittel (Kaffee/Alkohol/Zigarette) und bildet sich dann ein, besser arbeiten zu können. Auch die sogenannten Weckmittel (meist Benzedrinpräparate) können solche Täuschungen bewirken. Natürlich können Sie jetzt auch sagen: Wenn mir die Zigarette oder der Schnaps Spaß macht, dann bekomme ich gute

Laune, die schon früher gefordert wurde. Bald aber kann dann das Mittel zum Selbstzweck, zur Gewohnheit werden. Die Dosen werden größer. Irgendwann kommt es zum Mißbrauch und den Folgeschäden.

Besser ist es immer, ohne Stimulantia auszukommen. Doch wenn Sie sich schon auf ähnliche Weise anregen lassen und Spaß gewinnen wollen, dann greifen Sie zu einer Frucht. Zu einem Apfel oder einer Apfelsine, ein paar Trauben. Auch das kleine Stückchen Schokolade kann das Wohlbehagen steigern.

Was aber immer Sie zu sich nehmen – und das gilt auch für die Zigarette oder den Alkohol: Es sollten kleinste Mengen sein – es sollte das Besondere bleiben.

Wer ununterbrochen Bonbons lutscht oder Kaugummi kaut, lenkt einen viel zu großen Teil seiner Gedanken und Empfindungen auf diese an und für sich harmlosen Mittel – und stört außerdem den Verdauungsmechanismus (der sich früher oder später rächen wird).

Im Grunde ist jedes Übermaß (selbst bei Süßigkeiten) eine Suche nach Halt, verrät innere Unsicherheit, Lebensuntüchtigkeit und eine gute Portion Dummheit.

Stimulieren Sie sich ohne Stimulantia

Suggerieren Sie sich Lebensfreude! Suchen und finden Sie Gefallen

an den kleinen Freuden des Alltags,
an einer gelungenen Arbeit,
an der bewältigten Lösung einer Aufgabe,
an einer hübschen Dekoration – z.B. einem Blumenarrangement,
einem freundlichen (doch nicht ablenkendem) Bild an der Wand,
an freundlichen Farben in Ihrer Umgebung,
an gefälligen Möbeln,
an gepflegtem Werkzeug,
an einem geordneten Arbeitsplatz,
an dem Vertrauen, das man in sie setzt,
an fähigen Mitarbeitern, mit denen sie zusammenarbeiten dürfen.

Es gibt so viel, über das es sich zu freuen lohnt. »Optimismus ist die beste Medizin« hieß es einmal in einem Schlager. Das ist genau die Medizin, die auch gegen Konzentrationsschwäche hilft.

Nehmen Sie lieber keine Drogen. Besonders dann sollten Sie es nicht tun, wenn Sie nichts von deren Dauerwirkung wissen. Noch heute graut es den Menschen, wenn sie vom Contergan hören, das einmal ein wohltuendes Schlafmittel sein sollte. Sie können auch nicht wissen, ob nicht ein heute hoch gelobtes Mittelchen schon morgen wieder verboten wird.

Überzeugen Sie sich von Ihren Möglichkeiten.

Erproben Sie Ihre Fertigkeiten.

Suchen sie Erfolgserlebnisse in Ihrer Arbeit.

Das alles ist erlaubte Stimulanz.

Stellen Sie sich anfangs kleine Aufgaben (z.B. auch bei den Konzentrationsübungen) und versuchen Sie an ihnen zu wachsen. Lassen Sie sich durch Gelingen anspornen.

Steigern Sie den Schwierigkeitsgrad der übernommenen Arbeiten oder Aufgaben allmählich.

Legen Sie Ihre Arbeiten dann auch Menschen vor, von denen Sie wissen, daß sie Sie wohlwollend kritisieren, also das Gute nicht übersehen (wie so viele Lehrer), sondern loben; Fehler nicht verdammen (aber auch nicht übersehen), sondern erklären, wie sie künftig zu vermeiden sind.

Arbeiten Sie mit Gleichgesinnten und spornen Sie einander an.

Erfolgserlebnisse sind die besten Stimulantia

Wir erinnern Sie auch noch einmal daran, daß Ihre Ziele erreichbar und die Wegstrecken dahin überschaubar sein müssen. Vergessen Sie auch nicht, daß erfolgreiche Arbeiten, die Sie zum Abschluß brachten, Sie neu stimulieren.

Teilen Sie also von vornherein Arbeiten und Aufgaben so ein, daß ihr Ende abzusehen ist. Zu viele Pläne scheitern einfach, weil sie zu weit ausgedehnt, die Ziele zu weit gesteckt wurden. Sie müssen auch auf dem Weg – also während Sie Ihren Plan verfolgen – immer deutlich spüren, daß Sie vorankommen. Deshalb ist es ja so nötig, kleine Zwischenziele zu setzen.

Bemühen Sie sich, an den kleinen Erfolgen zu wachsen. Es kann sein, daß dann diese kleinen Erfolge zu den Stimulantia werden, die alle anderen entbehrlich, ja völlig überflüssig machen.

Wenn Schiller, höchstwahrscheinlich ganz ohne faule Äpfel, eine eigene Hymne an die Freude dichtete und ein anderer Großer – Beethoven – dazu eine gewaltige Melodie schrieb, dann muß doch an dieser Freude etwas dran sein. Es ist nicht nur etwas – sondern sehr viel daran.

Freude ist nicht nur ein Götterfunke, sondern ein irdisch realisierbarer Begriff, dessen Einsatz schließlich das allerbeste Anregungsmittel ist.

Wenn derartige Betrachtungen nur zu Einsichten der Pädagogen würden. Wenn diese es verständen, Freude zu vermitteln, wenn es um das Lernen geht, wäre ihren Schülern und ihnen selbst bestens geholfen.

Derzeit herrscht immer noch die Angst vor (seit Jahrtausenden operieren Leute, die belehren wollen, damit). Diese Angst wird ununterbrochen durch schlechte Noten, drohende »Nichtversetzung« und Strafarbeiten geschürt. Es wird also genau das Gegenteil von dem getan, was eigentlich getan werden müßte.

Als Leser(in) dieses Büchleins und mit dem Willen, die persönliche Konzentration zu verbessern, sollten Sie sich nicht von solchen und ähnlichen Ängsten negativ beeinflussen lassen.

Schöpferische Pausen

Heute wird das Wort von der »Schöpferischen Pause« meist nur noch im Scherz zitiert. Doch es war einmal sehr ernst gemeint und sollte noch immer ernst genommen werden. Lassen Sie den Begriff nicht verflachen, verwenden Sie ihn nicht ironisch. Wir sind der Meinung, daß die schöpferische Pause immer noch ein zu empfehlender Stimulus ist.

Von der Entspannung sprachen wir ja schon und ebenso davon, daß es gut ist, von Zeit zu Zeit Abstand zu nehmen. Auch der Kunstmaler tritt dann und wann einen oder ein paar Schritte zurück, um den besseren Überblick zu bekommen. Treten auch Sie, geistig gesehen, hin und wieder ein wenig zurück und bemühen Sie sich um den guten Überblick.

Sammeln Sie dabei neue Kräfte, die, eben durch den gewonnenen besseren Überblick, gezielter eingesetzt werden können. Arbeiten Sie also mit Konzentrationspausen, um sich besser konzentrieren zu können. Es gibt auch so etwas wie eine Spannungspause. Wir kennen sie aus der Rhetorik. Nach einer rhetorischen Frage z.B. macht der Redner eine kleine Pause, um damit beim Publikum Spannung zu erzeugen. Der Hörer erhält zugleich Gelegenheit, sich zu sammeln – mitzudenken. Auch bei besonders gut geführten Beweisen setzen Redner gern die Spannungspause ein. Churchill soll in seinen Manuskripten sogar vermerkt haben, wann Applaus zu erwarten war. Solche Pausen erzeugen Spannung und bewirken, daß mit- und nachgedacht wird. Solche Pausen schrauben die Konzentration hoch, sie stimulieren. Überlegen Sie für sich, wie Sie stimulierende Pausen in Ihre Arbeit einblenden können.

Lebenslanges Lernen?

Das ist auch schon solch ein Schlagwort geworden, mit dem allerhand Mißbrauch getrieben wurde. Es ist schon richtig, daß man ein Leben lang hinzulernen muß. Ein chinesisches Sprichwort sagt: »Lernen ist wie rudern gegen den Strom – sobald man damit aufhört, wird man unweigerlich zurückgetrieben.« Gelernt werden mußte also schon in früheren Zeiten das ganze Leben lang. Es gibt ja zahlreiche Beispiele dafür, daß jemand erst in der Mitte des Lebens etwas Neues erlernt und damit seinen Weg macht. Albert Schweitzer z.B. war fast 40 Jahre alt, als er, zusätzlich zur Theologie und Philosophie, Musik, Orgelbau und Medizin studierte.

Jeder kluge Kopf wird sein Leben lang besonders viel weiterlernen (sonst bliebe er nicht lange ein kluger Kopf).

Das galt schon im Altertum, das gilt noch heute. Der Unterschied liegt darin, daß früher das Breitenwissen überschaut werden konnte, während die heutige Wissenslawine und die notwendige Vertiefung des Spezialwissens es verhindern, daß sich Universalgenies heranbilden, wie wir sie in Leonardo da Vindi, Leibnitz oder Franklin kennen.

Heute gehört zum Lernen die Selektion. Sie müssen auswählen, was Sie erlernen wollen und werden das im Hinblick auf Ihre besonderen Leistungsmöglichkeiten und Absichten tun. Doch es gilt, die folgenden Ratschläge zu befolgen:

- Suchen Sie laufend an der Arbeit des Lernens Freude zu gewinnen.
- Vergessen Sie nicht, daß Sie auch lernen müssen, wenn es keine Freude macht – also wäre es doch besser, sich an der Lernarbeit zu erfreuen.
- Wenn Sie es erreichen, froh zu lernen und zu schaffen, dann werden Sie auch sagen: Konzentrieren – keine Kunst.

Wichtiges aus Kapitel 6

- Überlegen Sie sorgfältig und erforschen Sie in sich selbst, ob wirklich, von – ganz gleich welchen – Mitteln stimulierende Wirkung auf Sie ausgeht.
- Machen Sie einige Versuche, in denen Sie sich um vergleichbare Meßwerte bemühen sollten, um zu erfahren, von welchen Mitteln welche Wirkungen erzielt werden.
- Seien Sie bei solchen Versuchen kritisch, meist ist es gar nicht das Mittel selbst, das etwas bewirkt, sondern nur die Einbildung.
- Am besten ist es immer noch, Sie verzichten ganz auf Stimulantia und greifen lieber mal zum Obst oder einer ganz kleinen Süßigkeit.
- Maßlosigkeit ist ein Zeichen von Lebensuntüchtigkeit, Unsicherheit und Dummheit.
- Optimismus ist die beste Medizin, auch gegen Konzentrationsschwäche.

- Bemühen Sie sich, Erfolgserlebnisse herbeizuführen. Planen Sie in Ihre Arbeiten das Gelingen mit ein.
- Abgeschlossene Arbeiten stimulieren besonders gut. Wachsen Sie an kleinen Erfolgen.
- Lassen Sie sich nicht von Angst in Ihrer Arbeit stören (negativ stimulieren) – streben Sie nach Freude.
- Legen Sie »schöpferische Pausen« ein, dadurch gewinnen Sie den besseren Überblick und können Ihre Kräfte konzentriert, gezielt einsetzen.
- Beeinflussen Sie besonders positiv die fortlaufend durchzuführende Lernarbeit – auf diese Weise kann Konzentration zu einer guten Gewohnheit werden.

Literaturhinweise

Beelich, Karl-Heinz / Schwede, Hans Hermann: *Lern- und Arbeitstechnik – kurz und bündig*, Würzburg 1979.

Isbert, Otto Albrecht: *Konzentration und schöpferisches Denken*, Heidenheim 1962.

Lehrl, Siegfried u.a.: *Geist und Gedächtnis spielend trainieren*, Wehrheim 1984.

Maeck, Horst: *Arbeitshandbuch der Lehr- und Trainingstechniken*, München o.J.

Schmidt, K. O.: *Wie konzentriere ich mich?*, Pfullingen 1950.

Tepperwein, Kurt: *Kraftquelle Mentaltraining*, Genf 1986.

Thomas, Klaus: *Konzentration für geistige Arbeit und Lebensgestaltung*, Freiburg 1976.

Ullmann, Frank / Bierbaum, Georg: *Nichts vergessen – mehr behalten*, Berlin 1984.

Weber, Herrmann: *Arbeitskatalog der Übungen und Spiele*, Essen 1981.

Zielke, Wolfgang: *Handbuch Lern-, Denk- und Arbeitstechniken*, München 1980.

Weitere lesenswerte Bücher zum Thema »Geistige Arbeit« von Wolfgang Zielke:

Schneller lesen – intensiver lesen – besser behalten, Landsberg 1986 / 2. Auflage

Schneller lesen – selbst trainiert, Landsberg 1984 / 12. Auflage

Techniken für ein besseres Gedächtnis, Landsberg 1985 / 3. Auflage

Geben und Nehmen – sich durchsetzen in Diskussion und Verhandlung, München 1986

Mach dich effektiver – ein Selbstmanagement-Programm, München 1978

Frag dich vorwärts – eine gute Frage ist die halbe Antwort, München 1978

Schneller lesen – mehr behalten. Eine Checkliste mit vielen Ratschlägen, Heiligenhaus / 1983 – Neuauflage

Großer Lehrgang – Moderne Gedächtnistechnik – 20 Lehrbriefe, Deggendorf 1987 / Neuauflage

Überzeugend schreiben – mehr erreichen. Eine Checkliste mit vielen Ratschlägen für wirksameres Schreiben, Heiligenhaus 1983 / Neuauflage

Erfolgreich durch Selbstanalyse. 1000 Fragen, die Sie sich stellen können oder sollten, Heiligenhaus 1987

Informiert sein ist alles. Die Papierflut sinnvoll nutzen, 1977 mit dem Buchpreis »Nürnberger Trichter« ausgezeichnet, Düsseldorf 1984 / Neuauflage

Weitere Titel sind im Handel vergriffen, aber beim Verfasser noch erhältlich.

Anfragen an: Wolfgang Zielke
René-Schickele-Straße 65
40595 Düsseldorf

Roger Fisher, William L. Ury
Das Harvard-Konzept:
Sachgerecht verhandeln –
erfolgreich verhandeln
11. erweiterte Auflage 1993. 271 Seiten

»Der Kern der vorgestellten Methode liegt darin, daß nicht um zuvor festgelegte Positionen gerangelt werden sollte, sondern daß die Partner Interessen ausgleichen sollten: Suche nach Lösungen statt Angriff.«　*Frankfurter Allgemeine*

Alan Jones
Die erfolgreiche Gehaltsverhandlung
1993. 188 Seiten

Erfolgreiche Gehaltsgespräche setzen mehr als nur Verhandlungsgeschick voraus. Jones entwickelt hierfür ein Konzept zur Stärkung der eigenen Position und zeigt, wie man das optimale Einkommen erzielt oder eine Gehaltserhöhung durchsetzt.

Mike Dutfield, Chris Eling
Gesprächsführung für Manager
Mitarbeiter kompetent beraten und beurteilen
1993. 215 Seiten

»Dutfield und Eling zeigen in ihrem sehr praktischen und materialreichen Buch, wie man der alltäglichen Demotivierung von Mitarbeitern durch eine konstruktive Gesprächsführung ein Ende setzt.«　*Dr. Reinhard Sprenger,*
Autor von Mythos Motivation

campus
Frankfurt　New York

Weitere Bücher und Taschenbücher zum Thema finden Sie
in der *Rowohlt Revue.* Jedes
Vierteljahr neu. Kostenlos in
Ihrer Buchhandlung.

rororo sachbuch

H. u. J. Bußmann
Unser Kind geht auf die Waldorfschule *Erfahrungen und Ansichten*
(rororo sachbuch 8736)

B. Esser / Ch. Wilde
Montessori-Schulen *Zu Grundlagen und pädagogischer Praxis*
(rororo sachbuch 8556)

Wulf Wallrabenstein
Offene Schule - Offener Unterricht *Ratgeber für Eltern und Lehrer*
(rororo sachbuch 8752)
Dieses Buch lädt ein zu einer Entdeckungsfahrt in den Offenen Unterricht und Offene Schulen und informiert engagiert über Wochenplan, Morgenkreis, entdeckendes Lernen und viele weitere Brennpunkte.

Horst Speichert
Richtig üben macht den Meister *Das Erfolgsprogramm gegen Lernfehler, Verlernen und Vergessen*
(mit kindern leben 7875)

K. Dietrich / G. Landau
Sportpädagogik *Grundlagen, Positionen, Tendenzen*
(rororo sport 8623)

Dieter Lenzen
Pädagogische Grundbegriffe
Band 1: Agression - Interdisziplinarität
Band 2: Jugend - Zeugnis
(rowohlts enzyklopädie 487 + 488)

Christoph Lindenberg
Waldorfschulen: Angstfrei lernen, selbstbewußt handeln *Praxis eines verkannten Schulmodells*
(rororo sachbuch 6904)

Else Müller
Hilfe gegen Schulstreß
Übungsanleitungen zu Autogenem Training, Atemgymnastik und Meditation für Kinder und Jugendliche

Schulspaß und Schulspiele
Handbuch zum Schulalltag. Herausgegeben von der Arbeitsgruppe Oberkircher Lehrmittel
(rororo sachbuch 7783)

Else Müller
Hilfe gegen Schulstreß
Übungsanleitungen zu Autogenem Training, Atemgymnastik und Meditation. Übungen zum Abbau von Aggressionen, Wut und Spannungen für Kinder und Jugendliche
(rororo sachbuch 7877)

Klaus-Jürgen Tillmann
Sozialisationstheorien *Eine Einführung in den Zusammenhang von Gesellschaft, Institution und Subjektwerdung*
(rowohlts enzyklopädie 476)

Sämtliche Bücher und Taschenbücher zum Thema finden Sie in der *Rowohlt Revue*. Jedes Vierteljahr neu. Kostenlos in Ihrer Buchhandlung.